L'Esprit de l'armagnac

Frédéric Lebel

L'Esprit de l'armagnac

Photographies
de
Jean-Bernard Laffitte

le cherche midi éditeur
23, rue du Cherche-Midi 75006 Paris

La part des Anges

Cette étude exhaustive de l'*Esprit de l'armagnac*, eût-elle été écrite par un Gascon, nous pourrions avoir des doutes ; on sait ce qu'il en vaut de leurs promesses, à ceux-là...
Mais ici, on ne saurait faire plus sérieux. Sans Frédéric Lebel, il manquerait une étoile aux « Ambassadeurs » de l'Hôtel de Crillon.
Ce chef sommelier, qui fut couronné en 1988 et 1990, allie à sa parfaite connaissance des caves un sens inné de la pédagogie. Il sait raconter avec poésie les crus et les millésimes, à vous mettre le vin à la bouche. Après l'art oratoire, voilà qu'il nous révèle ses dons d'écrivain. Natif de Saint-Pol-sur-Ternoise, près d'Arras (chef-lieu du Pas-de-Calais comme chantaient les comiques troupiers), Frédéric Lebel est le chantre du Sud-Ouest et de son eau-de-vie de vin.

Rien, pourtant ne prédisposait ce fils d'assureur à pratiquer ce merveilleux métier : on ne buvait pas de vin à la table familiale ! Cuisinier formé à l'école hôtelière de Bruxelles, il s'intéresse très vite à la sommellerie ; la biochimie préparatoire, l'université de Suze-la-Rousse, le Maître Jean-Luc Pouteau et le talent de l'élève feront le reste.
Et il en faut, du talent, pour s'attaquer à l'armagnac de d'Artagnan. Fin bretteur du stylo, Frédéric Lebel nous conte l'histoire, la géographie, les couleurs, les arômes et les goûts, dans un langage de fier mousquetaire : « L'attaque en bouche doit être franche, sans défaut ni mauvais goût. »
Élevé par ces Gascons descendants de Gaulois, de Romains, de Basques et de Wisigoths, balayé en hiver par un vent glacial qui dévale les Pyrénées, cuit en été sous un soleil ardent, l'armagnac a bien le caractère farouche des Cadets de Gascogne, « de Carbon, de Casteljaloux, bretteurs et menteurs sans vergogne », selon Cyrano.
Nous sommes au pays des Trois Mousquetaires et la « réserve d'Artagnan » fleurit chez tous les producteurs, même si le marquis de Montesquiou est le seul à pouvoir se targuer d'être le descendant du maréchal qui devint le héros d'Alexandre Dumas.
Superbes images olympiques que celles de ces relayeurs de la Flamme d'armagnac, allumant un par un les alambics, ces vieilles

et noires locomotives, crachant leur feu nourri de bois de chêne. C'est alors qu'intervient la magie de l'alchimie de « l'Aygue ardente », avec le serpentin, la colonne à plateaux, la chaudière puis les pattes d'araignées par où remontent les vapeurs d'alcool qui, par des circuits continus et inversés, vont barboter pour être raffinées à travers le vin frémissant, avant de redescendre vers le réfrigérant et de s'écouler lentement dans un fût de chêne du pays.

Frédéric Lebel nous apprend bien des choses. Que Jeanne d'Arc, par exemple, fut surnommée « l'Armagnacaise » (qu'il me soit permis, quoi qu'il en soit, de rappeler que ses fidèles lieutenants étaient bien des résistants berrichons). L'auteur nous rappelle aussi que d'Artagnan mourut au siège de Maastricht en 1674. Souhaitons qu'il n'y ait là nul mauvais présage...

Bref, cet ouvrage, superbement illustré par Jean-Bernard Laffitte, est une chanson de geste au sens médiéval du terme, qu'on déguste avec bonheur comme un vieil armagnac.

Quand vous aurez fini ce livre, si l'arôme de l'armagnac subsiste encore longtemps, comme dans un verre vide, ne cherchez pas : c'est parce que Frédéric Lebel a su retenir dans ces pages la part des Anges.

Jean MIOT

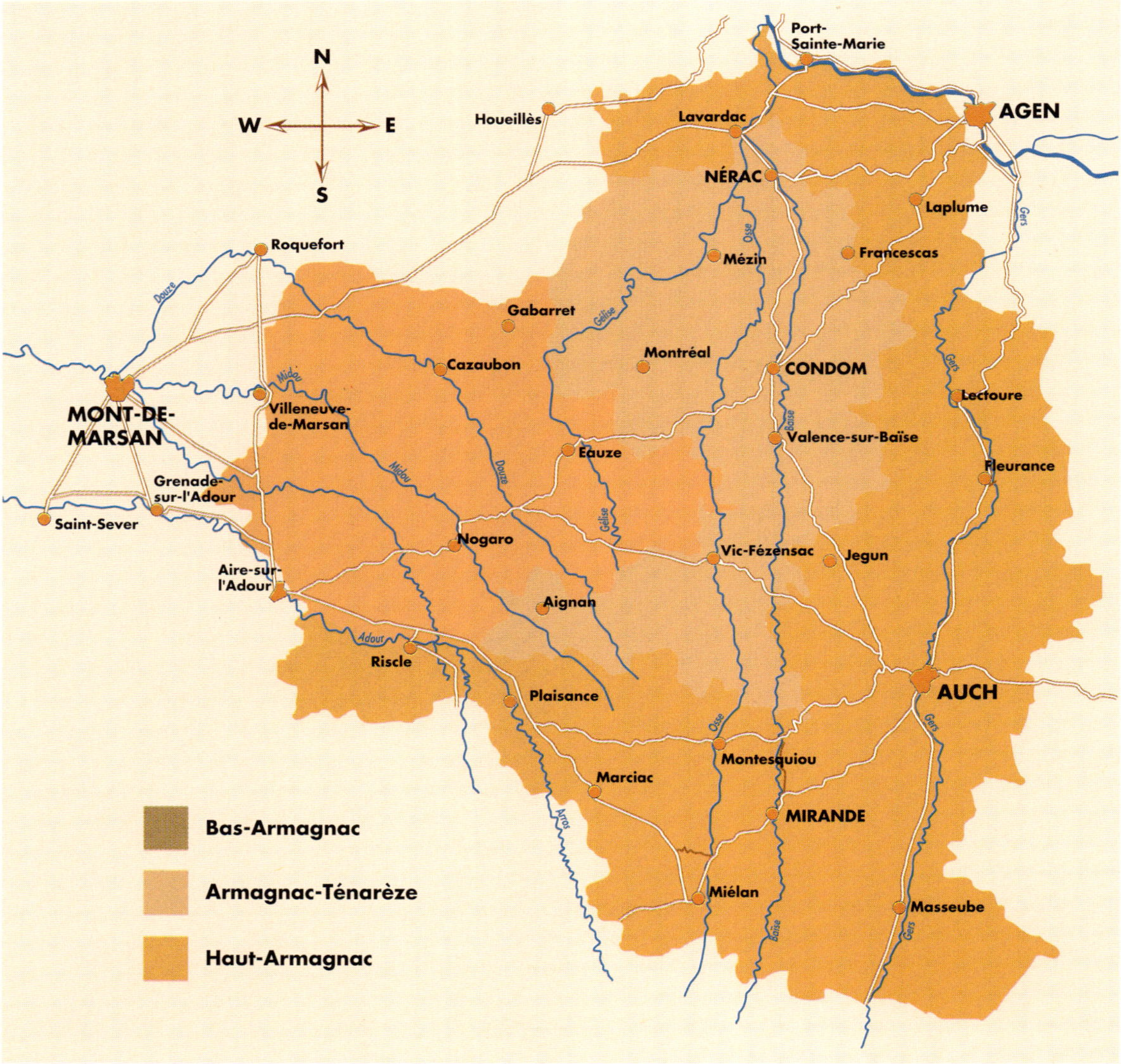
N
W
E
S
Port-Sainte-Marie
AGEN
Houeillès
Lavardac
NÉRAC
Laplume
Mézin
Francescas
Roquefort
Gabarret
Montréal
Cazaubon
CONDOM
Lectoure
MONT-DE-MARSAN
Villeneuve-de-Marsan
Valence-sur-Baïse
Eauze
Fleurance
Grenade-sur-l'Adour
Saint-Sever
Nogaro
Vic-Fézensac
Jegun
Aire-sur-l'Adour
Aignan
Riscle
Plaisance
AUCH
Montesquiou
Marciac
MIRANDE
Miélan
Masseube
Douze
Midou
Gélise
Osse
Baïse
Gers
Adour
Arros
Bas-Armagnac
Armagnac-Ténarèze
Haut-Armagnac

Faire connaissance avec l'Armagnac

Cette grande et belle région qui s'étend sur une grande partie du Gers, la partie est des Landes et la pointe sud du Lot-et-Garonne, est chargée d'histoire. Délimitée au nord par Roquefort et Agen à l'est; Auch et Trie-sur-Boisé; sa carte géographique a la particularité de ressembler à la forme d'une feuille de vigne!

De nombreux personnages l'ont rendue célèbre et ont vanté l'art de vivre gascon. Ses vins, ses eaux-de-vie d'Armagnac et sa gastronomie sont maintenant mondialement renommés.

Sur la route des Pyrénées, c'est une halte enchantée et la rencontre avec les autochtones est un moment inoubliable.

Une légende gasconne raconte comment cette eau-de-vie d'Armagnac y a vu le jour : « Lorsque Dieu créa le monde, il s'aperçut qu'il avait oublié un petit coin de cette Gascogne et cela le rendit triste. Une larme coula sur sa joue et en tombant elle forma la région d'Armagnac, ce qui fera dire que ce fut la première goutte de liqueur. »*

Cette Gascogne fait vivre plus de 15 000 personnes autour de ce produit de tradition qu'est l'eau-de-vie d'armagnac.

Environ 15 000 hectares (une délimitation parcellaire est à l'étude, elle doit permettre de reconnaître avec exactitude la partie du vignoble affectée à l'armagnac, ainsi que la répartition par cépage) composent le vignoble et produisent le vin qui sera ensuite distillé. En 1997, environ 160 000 hectolitres de vin ont été distillés afin d'obtenir de l'eau-de-vie, qui, après vieillissement sous bois (de chêne) donnera de l'eau-de-vie d'armagnac.

Cette eau-de-vie incomparable est distribuée dans 132 pays, ce qui représente 50 % du total des ventes.

Tout au long de l'année, les producteurs et négociants vous accueillent pour vous faire découvrir leurs produits. Vous retrouverez quarante-cinq d'entre eux dans ce livre. Selon le moment que vous choisirez pour votre visite, vous pourrez soit assister aux vendanges des mois de septembre à octobre, soit assister à la distillation de novembre à février, moment d'effervescence dans les chais ou dans les cours, quand l'alambic s'allume et chauffe pour distiller ce vin blanc qui donnera naissance à l'eau-de-vie blanche et cristalline. Le lancement de la période de distillation donne lieu à une fête : la Flamme de l'armagnac. Des relayeurs à pied, à cheval, distribuent la flamme pour allumer les alambics dans chaque brûlerie de façon symbolique; le vin peut maintenant être transformé en nectar!

Afin de veiller aux intérêts des eaux-de-vie, le B.N.I.A. (Bureau National Interprofessionnel de l'Armagnac), créé en 1962, est le représentant officiel de la profession. Son rôle est autant technique que promotionnel. Il exerce un contrôle des stocks et de la qualité, mais anime des promotions auprès des consommateurs et des professionnels.

L'armagnac, c'est tout un esprit.

Ce livre a pour but de vous le faire partager et j'espère que cette région au sud de Bordeaux vous enchantera autant qu'elle m'enchante toujours.

*La Grande Messe de l'Armagnac, *de Abel Sempé, éd. Robert Laffont, 1988.*

Quelques pages d'histoire

Dans le cadre nécessairement succinct de cet ouvrage, seuls seront mentionnés les événements ou les personnages qui ont marqué ou qui ont un rapport avec la naissance et le devenir de cet armagnac qui fait, en partie, en tant qu'eau-de-vie, le caractère et le charme de la Gascogne.

À l'époque romaine, après la conquête de la Gaule, celle-ci fut divisée en trois parties distinctes. Au nord, le « peuple des Belges », situé entre le Rhin et jusqu'à la Marne et la Seine. Au centre, « les Celtes », situé entre la Seine et la Marne et jusqu'à la Garonne. Et enfin, au sud, le peuple qui nous intéresse plus particulièrement, « les Aquitains », situé au sud de la Garonne et s'étendant jusqu'à l'océan (Atlantique) et aux Pyrénées.

En celte cette région s'appelait « Aremonique », ce qui signifie « près de la mer » ou « sur la mer » ; c'est semble-t-il l'origine du nom « Aquitaine » donné par la suite à cette région.

Plus tard, l'empereur Auguste la divisera pour des raisons administratives. Il regroupera une trentaine de petits villages et cités, considérant qu'en étant plus importantes, ces cités auraient plus de facilités pour survivre et se défendre contre les attaques de barbares ou autres envahisseurs. Il va donc créer neuf cités, neuf peuples, d'où l'origine du nom de « Novempopulanie ». Cette région avait des statuts spéciaux et la ville d'Eauze pour capitale. Toutes ces cités, nous les retrouvons de nos jours, et elles font la richesse et la puissance de la Gascogne.

Dès le ve siècle après J.-C., ce grand territoire qui regroupe les Aquitains passe sous le contrôle des Wisigoths. En 418, il deviendra la région Aquitaine, allant de Bordeaux à Toulouse. Les Wisigoths, d'origine germanique, contrôlent donc la région et sont peut-être à l'origine du nom « Armagnac ». Il proviendrait du nom germanique de « Hermann », qui, une fois latinisé, serait devenu « Arminius ». Ce dernier apparaît vers l'an 29 avant J.-C. ; il désigne un grand domaine et on ajoute « ac » à la fin du nom. On a donc « Arminiac » ou « domaine d'Arminus » qui, au fil des ans, devient « Armagnac ».

Vers l'an 602 après J.-C., des barbares venus des montagnes pour s'approvisionner en nourriture et autres denrées, vont petit à petit peupler la plaine, beaucoup plus riche et facile à vivre. Ces Vascons donnent à cette région son nom actuel de Gascogne :

Vascons → Wascons → Wasconia → Gascogne.

Les premiers comtes d'Armagnac n'apparaissent que vers le xe siècle, avec la création du Comté d'Armagnac. Le duc Garsie Sanché accroît sa puissance vers les années 886 à 920 en se faisant nommer comte d'Armagnac. Titre repris par son descendant, le comte Bernard 1er dit « le Louche », qui était également le descendant de Guillaume Garsie, comte de Fézensac (mort vers 960) et deuxième fils de Garsie Sanché. Mais ce comté, sans vrai centre ni monastère, n'aura d'importance que vers 1032-1063, lorsque Bernard Tumapuler, seigneur aumônier et comte d'Armagnac et de Gascogne, fera édifier un monastère fortifié sur les rives de l'Adour. À cette époque, ce n'est pas une région productrice d'eau-de-vie, bien que des vignes y soient plantées. À cet égard, notre région de Gascogne doit beaucoup à l'empereur Probus qui, en 267 après J.-C., autorise la replantation de la vigne, cent soixante-dix années après que l'empereur Domitien a ordonné son arrachage. Sans lui, l'Armagnac ne serait pas aujourd'hui une région de référence sur le plan des eaux-de-vie ambrées.

À la fin du XIVe siècle, le nom d'« Aygue ardente » ou « eau de feu » commence à faire son apparition dans les manuscrits. Par exemple, il nous est conté qu'en 1387, le roi Charles le Mauvais mourut dans d'atroces souffrances alors que le linge imbibé d'eau-de-vie (Aygue ardente) dans lequel il était enveloppé, ait pris feu. Cette eau-de-vie, utilisée dans les monastères à des fins médicamenteuses ou en herboristerie, commence à franchir les murs clos des monastères et entre peu à peu dans la vie courante du peuple. Elle doit cette vulgarisation en partie au prieur d'Eauze, Vital Dufour, médecin de la faculté de Montpellier, qui, dans son manuscrit, énumère 40 utilisations de l'eau-de-vie. Voici un extrait du manuscrit du prieur d'Eauze, cité par l'abbé Loubès, historien de l'armagnac* : « L'eau-de-vie, pourvu qu'on l'applique sur le membre blessé, expulse tout morceau de fer fiché au corps. Si on la boit, elle dissout les calculs de la vessie. Elle guérit des brûlures, des maux de tête. Elle fait disparaître les flegmons. Elle soigne la toux, les angines, la fièvre. Elle décontracte la rate, désengorge le foie... » Ses vertus médicinales sont incontestables !...

Pour ces mêmes raisons, Jeanne d'Arc fut surnommée « l'Armagnacaise » alors qu'elle combattait les Anglais aux côtés de Charles VII. En effet, ses soldats, les « Cadets de Gascogne », venant de leurs provinces, avaient emporté de l'eau-de-vie, remède miracle contre toutes sortes de blessures.

Pourtant, les traces écrites de l'« Aygue ardente » dans des transactions marchandes ne remontent qu'au XVe siècle. Un manuscrit de 1461 fait état de la réglementation de la vente de l'« Aygue ardente » sur le marché de Saint-Sever dans les Landes : c'est le signe que ce commerce devait exister depuis fort longtemps. Les pouvoirs publics de l'époque ont bien pris conscience de l'intérêt de la taxer.

Ce texte dit : « ...de même tout homme qui apportera de l'" Aygue ardente " au dit marché pour vendre, s'il y a deux lots en sus et avec toutes ses fioles et appareils qu'il paye et sera tenu de payer un morlan (monnaie de l'époque)... » ** .

Également au XVe siècle, les alambics vont se multiplier. De nombreux actes notariaux en attestent. Dans la région de Toulouse, on voit apparaître dans les successions, le terme de « aygua ardentarius ».

Les savants de l'époque s'y intéressent. En 1440, Michel Savonarole décrit les matériaux utilisés pour la fabrication de l'alambic : «... de l'étain et du cuivre, et un serpentin plongé dans de l'eau froide... » (toujours

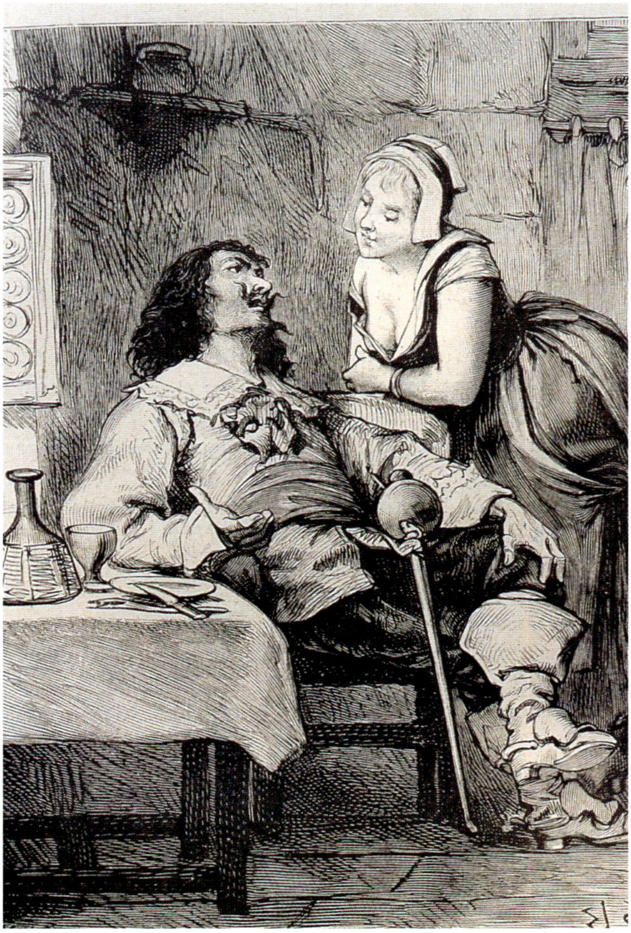

en utilisation de nos jours). D'après l'abbé Loubès, l'apparition des premiers alambics dans la région ne serait mentionnée que vers 1480, soit au moins deux siècles et demi avant celle des eaux-de-vie de Saintonge (Cognac), qui n'apparaissent qu'en 1725. La distillation est une chose courante et le commerce des eaux-de-vie prend de l'ampleur, essentiellement grâce aux Hollandais qui dominent encore au XVIIe siècle le trafic maritime. En effet, ces marins achètent des vins blancs ; mais ces vins, fins et légers, supportent mal le transport. Pour les enrichir et les rendre « plus résistants », ils vont « les aviner », c'est-à-dire mettre de l'eau-de-vie dans le vin. Ce nouveau produit rencontre un très vif succès auprès des consommateurs de Hambourg, Bruges, Amsterdam... qui apprécient les vins plus forts. De plus, les marins eux-mêmes vont

* Armagnac « eau-de-vie et terroir », *de Henri Dufour, édition Privat, 1982.*

** La Grande Messe de l'Armagnac, *de Abel Sempé.*

prendre l'habitude lors des escales dans les ports d'Hendaye ou de Bayonne, de consommer cette eau-de-vie, propice à l'oubli de la dure vie en mer et appréciée comme « médicament » à bord des navires. Enfin, le transport est onéreux car les vins sont taxés au volume transporté. Dans un souci de rentabilité*, les eaux-de-vie jeunes sont donc chargées sur les bateaux et sont mouillées (ajout d'eau) pour retrouver le goût approximatif du vin avant d'être consommées.

Il faut se souvenir, par ailleurs, que l'Aquitaine devient anglaise lorsque Aliénor d'Aquitaine épouse en deuxième noce Henri II Plantagenêt et lorsque celui-ci accède au trône d'Angleterre en 1154. Les habitants de Bordeaux ont pendant longtemps profité du statut privilégié accordé par les rois d'Angleterre et ont taxé fortement les marchandises provenant des régions hors de la périphérie de Bordeaux.

La demande sans cesse croissante de l'« Aygue ardente » a entraîné la construction de « brûleries » de plus en plus performantes. Le Château de Busca-Maniban à Mansencôme (huit kilomètres au sud de Condom) en sera le pionnier en 1650. L'« Aygue ardente » va quitter le stade artisanal et anecdotique pour répondre à un réel besoin de consommation qui nécessite de nouvelles techniques. Les distilleries occupent des emplacements stratégiques près des nombreuses forêts qui jalonnent cette région. Le bois est indispensable au fonctionnement des alambics qui en consomment de très grosses quantités pour la chauffe.

Vers 1650, on commence à mentionner des exportations « d'eaux-de-vie d'Armagnac » vers le port de Bordeaux. Le transport est assuré par les galupes, barques à fond plat, qui naviguent sur la Baïse, rendue navigable par d'importants travaux qui s'achèvent en 1877. Cette rivière permet de rejoindre la Garonne vers Port-Sainte-Marie, au-dessus de Lavardac. La Midouze quant à elle sert d'accès aux ports de Bayonne et d'Hendaye.

Le transport des eaux-de-vie s'effectue déjà dans des « pièces », dont l'origine remonte aux « Celtes » : leurs pièces contenaient 205 litres environ ; les pièces de 400 et 420 litres n'apparaîtront qu'en 1789.

Le XVIIe siècle verra la naissance d'un personnage haut en couleur et mondialement connu qui marquera à tout jamais la Gascogne et les Gascons. Sa bonne humeur et son courage sont légendaires. Le célèbre d'Artagnan voit le jour en 1615 au château familial de Castelmore, près de Lupiac (Gers). En 1646, Charles de Batz Castelmore, de son vrai nom, quitte sa province natale pour « monter » à Paris et faire fortune. En 1657, son habileté aux armes le fait rapidement devenir sous-lieutenant dans la compagnie des Mousquetaires attachés à Louis XIII, puis à Louis XIV et Mazarin ; ces Mousquetaires, du temps du roi Henri IV qui avait rattaché la Navarre au royaume de France en 1607, étaient appelés les Carabins. Son courage n'a d'égal que sa joie de vivre et il sera beaucoup sollicité, pour des missions tant délicates que secrètes. Alexandre Dumas n'a pas eu son pareil pour décrire ce personnage qui trouvera la mort le 24 juin 1674, au siège de Maastricht. Fidèles à sa mémoire et pour lui rendre hommage, ses descendants créeront en 1951 la Compagnie des Mousquetaires d'Armagnac (voir page 137).

L'eau-de-vie d'armagnac prend toute son expansion vers le début du XVIIIe siècle et un nouveau corps de métier apparaît : les bouilleurs de cru. Leur existence est mentionnée pour la première fois en 1724. Ces alchimistes ambulants vont, dès le début de l'hiver, de ferme en ferme, de domaine en château, pour rendre possible la magie « des esprits de vin ». On peut regretter de les voir disparaître de nos jours. Ces moments de rencontre autour des machines fumantes et bruyantes étaient pourtant très agréables.

Les transactions commerciales augmentent, le transport maritime s'organise, et les fraudes commencent à être de plus en plus nombreuses. Elles sont déjà dénoncées en 1752, par l'intendant de Gascogne, dans un courrier adressé au Ministre d'Étigny. Il souligne l'importance de ces fraudes qui risquent de nuire à la réputation des eaux-de-vie de la région d'Armagnac et qui peuvent avoir des conséquences fâcheuses pour les transactions commerciales.

* *Les vins réduisent de quatre cinquièmes à la distillation.*

Toujours au XVIIIe siècle, la notion de « cru » fait son apparition dans les eaux-de-vie de la région d'Armagnac. La région de consommation et de production située entre Bordeaux et Toulouse va se discipliner d'elle-même. Le consommateur, de plus en plus averti et fin connaisseur, réclame une identité géographique. Ainsi, vers 1741, sera mentionnée pour la première fois dans une transaction « l'eau-de-vie de vin de Bas-Armagnac ». Mais cette notion de « cru » va aussi avoir pour effet de faire « flamber » les cours. Les prix des eaux-de-vie de Bas-Armagnac vont doubler, voire tripler, la réputation de qualité étant de plus en plus forte. Ici, les eaux-de-vie s'enrichissent grâce au sol de sables fauves (mélange d'argile et de sable de couleur jaunâtre) appelé aussi « boulbène »,

et obtiennent cette rondeur et ce moelleux si typiques.

On ne peut passer sous silence le rôle de la marquise de Livry qui, grâce à son rang, fait découvrir à la Cour du roi Louis XV les bas-armagnacs qu'elle prend l'habitude de faire servir en fin de repas. Cette petite-fille de Gaspard de Maniban fut aidée en cela par son époux, intendant auprès du Roi de 1745 à 1750.

Les eaux-de-vie sont déjà commercialisées en bouteille. Pierre Bedout, négociant à Cazaubon, met en vente en 1750 à Toulouse une bouteille d'eau-de-vie d'armagnac au « prix de une livre et cinq sols ». Outre cette importante avancée commerciale, la fin du XVIIIe siècle est marquée par des progrès technologiques considérables qui vont influencer de façon décisive l'élaboration des eaux-de-vie d'armagnac. Sur les recommandations du savant Chaptal, l'ingénieur Meunieur met au point, en 1767, le premier alambic à distillation continue ; ce sont des changements importants qui permettront des gains de temps, d'énergie et de main-d'œuvre, et l'amélioration de la qualité des eaux-de-vie. En 1801, E. Adam et Lavoisier, tous deux chercheurs à la faculté de Montpellier, perfectionnent cet alambic. Face à cette évolution foudroyante au début du XIXe siècle, certains propriétaires, comme le marquis de Bonas, font construire près de leur château des chais, des brûleries et des « chauffe-vins ».

Révolutionnaires pour l'époque, les « chauffe-vins » sont mis au point par l'ingénieur Argaud en 1780 ; ils permettent de distiller en continu, sans perte de chaleur, donc sans perte d'énergie.

En 1804, l'annuaire du Gers fait état de « l'excellence des eaux-de-vie de la région d'Eauze, Nogaro, Manciet, Le Houga, Estang, Cazaubon, Panjas, Laujuzan, Gondrin, Fourcès et Montréal ». À quelques exceptions près, toutes ces communes sont mentionnées par Jules Seillant qui a établi une carte en 1857 (grâce aux travaux de V. Rendu). Celle-ci a le mérite de marquer la première délimitation régionale des eaux-de-vie d'armagnac, et de mettre en évidence le Bas-Armagnac.

Le milieu du XIXe siècle est marqué par l'installation, dans le petit village d'Estang, de la manufacture d'alambics Sier. Cette marque reste de nos jours une référence : ses alambics de qualité obtiennent des eaux-de-vie haut de gamme et avaient été mis au point par Verdier de Monguilhem, beau-père de Sier.

À la fin du XIXe siècle, le vignoble compte 107 627 hectares. Rien ne pouvait laisser présager qu'une série de catastrophes naturelles aurait des conséquences désastreuses sur l'économie de la région. C'est en 1860 qu'apparaît l'oïdium (voir page 18), suivi en 1879 par ce terrible fléau qu'est le phylloxéra (voir page 18) qui va détruire en cinq ans la quasi-totalité du vignoble. Seuls les sols très riches en sable comme le Bas-Armagnac échappent à l'insecte. Le mildiou (voir page 18) fait ses ravages en 1887 et le black-rot (voir page 18) achève cette série en 1890. Presque tous les plants sont détruits et il est impossible de replanter. En 1885, sont mis au point des nouveaux plants hybrides, comme le noah et l'otello, qui disparaîtront en 1934. Mais seul le « baco 22 A », mis au point par Maurice Baco en 1898 à Bélus dans les Landes, reste autorisé actuellement, uniquement pour l'élaboration des eaux-de-vie d'armagnac et ce jusqu'en 2010.

Dans cette époque troublée et de grande confusion, les fraudes sont importantes. L'interprofession éprouve le besoin de se structurer. Une première commission de travail se réunit à l'hôtel de ville de Condom le 3 septembre 1907. L'urgence est grande car le vignoble ne compte plus que 50000 hectares. Deux ans plus tard, le 25 mai 1909, le décret Fallières est pris. Armand Fallières, président de la République, est originaire de Mézin (au nord-ouest de Condom) et également propriétaire de quelques vignes à Loupillon (en Ténarèze). La commission, composée majoritairement d'élus, agrandit considérablement la région sur le plan géographique, vers le sud et vers l'est, précise la nomination des cépages et les méthodes de culture et de vinification, que la commission de l'I.N.A.O.* appellera « les usages locaux, loyaux et constants ». Ce décret facilitera la tâche du comité des producteurs régionaux qui devra défendre ses droits face à l'organisme des Appellations d'Origine Contrôlée, créé en 1935.

Ce décret aura pour mérite d'empêcher les fraudes et les contrefaçons qui à l'époque fleurissaient, tant la crise phylloxétique en détruisant le vignoble avait créé une pénurie d'eau-de-vie d'armagnac. Le décret de 1909 fut complété par un texte de loi du 4 août 1929 instaurant «les chais jaune d'or» ; cette loi interdira la détention dans une aire d'appellation et dans un même chais des eaux-de-vie à appellations différentes.

La seconde guerre mondiale freine considérablement l'expansion de l'armagnac. Les Gascons n'apprécient pas les interdits. Distillateurs dans l'âme, les bouilleurs de cru vont, à leur façon, participer à l'effort de guerre : l'alcool rectifié fait fonctionner les véhicules de la Résistance! Les taxes alourdissent le commerce. Le gouvernement de Vichy crée le B.N.A. – Bureau National de l'Armagnac. Il n'aura aucune fonction officielle mais sera le représentant de la viticulture. En 1962, le B.N.A. devient de l'actuel B.N.I.A. – Bureau Inter-professionnel de l'Armagnac. Ses fonctions sont maintenant très précises et son rôle de contrôle très officiel.

Un événement va révolutionner la distillation en Gascogne en 1972, puisque la double distillation, dite « charentaise » va être réautorisée pour l'élaboration des eaux-de-vie d'armagnac (voir p 22).

Après la guerre, le commerce connaît un nouvel essor jusqu'en 1980, date à laquelle le gouvernement de Raymond Barre surtaxe les eaux-de-vie. Ceci marque le début de nombreuses difficultés. Aussi du fait des gels (de 1991 et 1997) et des difficultés actuelles rencontrées par les entreprises de main-d'œuvre, risquons-nous, à terme, de voir disparaître l'un de nos plus beaux fleurons. Le vieillissement sous bois, qui donne à l'eau-de-vie d'armagnac cette couleur ambrée et sa caractéristique, coûte très cher à ceux qui le font naturellement. Il sera de plus en plus difficile de faire face à ces coûts: longue immobilisation des stocks, évaporation de 2 à 6 % annuellement (que l'on appelle pudiquement « la part des anges ») de la quantité d'eau-de-vie mise en œuvre, main-d'œuvre difficile et longue à former... La consommation chutant de plus en plus, aurons-nous dans quelques décennies, le plaisir de déguster des vieilles eaux-de-vie d'armagnac?

Puisse cet ouvrage permettre aux lecteurs de mieux situer une région et son histoire, de comprendre et d'estimer les difficultés des producteurs, et sans doute d'apprécier et de consommer avec modération ce joyau qui, ne pouvant laisser indifférent, leur procurera d'agréables souvenirs.

* *Institut national des appellations d'origine.*

Les cépages, leurs maladies et les sols de l'armagnac

LES CÉPAGES DE L'ARMAGNAC*

L'eau-de-vie d'armagnac n'existe que parce que les coteaux de Gascogne voient pousser, chaque année, les raisins blancs qui, une fois vinifiés et après distillation, donneront les futurs armagnacs.

Le décret Fallières de 1909 a sélectionné et codifié les cépages qui peuvent entrer dans l'élaboration des eaux-de-vie d'armagnac. Certains de ces cépages ont totalement disparu : le muscat de Frontignan et l'œil de Tourd. D'autres sont tout à fait spécifiques de la région du Sud-Ouest, voire même à l'appellation. Chacun a sa propre personnalité et peut être différent selon le sol qui le fait pousser. Les sols sont différents au sein même de la région Armagnac et de ce fait il est impossible de prétendre qu'il n'existe qu'un seul armagnac. En effet, celui-ci sera différent selon que le sol est calcaire, sablonneux, argilo-calcaire ou siliceux.

Certains cépages ne représentent qu'un faible pourcentage sur la totalité du vignoble, mais c'est l'assemblage qui donnera à l'eau-de-vie son caractère.

Dix cépages sont actuellement sélectionnés dans le décret** :

L'ugni blanc	75 % de la superficie
Le baco 22 A	20 %
Le colombard	4 %
La folle blanche	1 %
Le jurançon blanc La clairette de Gascogne ou claret de Gascogne La blanquette grise Le plant de Graisse Le meslier-Saint-François Le mauzac	ces cépages ne représentent que quelques souches et font l'objet d'essais pour une éventuelle réimplantation ou élimination du décret.

Certains de ces cépages ne sont représentés que par quelques souches dans l'appellation armagnac, et des études sont en cours pour définir leur réutilisation plus intense ou leur abandon définitif, selon, entre autres facteurs, leur capacité à résister aux maladies cryptogamiques (champignons) ou aux invasions d'insectes (voir phylloxéra p. 18).

L'UGNI BLANC ou Saint-Émilion

C'est un cépage venu d'Italie centrale résistant tant à l'oïdium qu'à la pourriture. Dans la région de Toscane, on le nomme « le Trebbiano », du nom d'une commune appelée Trebbiano d'Étrurie. C'est le botaniste bolognais Pier de Crescenzi qui le baptise ainsi en 1302.

Il donne une grosse production, allant de 100 à 150 hectolitres par hectare, très résistant aux gelées fréquentes dans les Landes et mieux adapté aux sols argilo-calcaires. Il donne des eaux-de-vie simples. Il est parfois utilisé non greffé sur certains sols sablonneux. Il représente 75 % de la superficie totale du vignoble de la région d'Armagnac, soit environ 11 250 hectares.

D'autres régions l'identifient sous des noms différents :
- la clairette ronde en Provence ;
- buan ou beou « bon » et « beau » dans les Alpes-Maritimes ;
- le rossola en Corse ;
- le grédelin dans le Vaucluse ;

* Précis d'Ampélographie pratique, *par Pierre Galet (1985).* Le Dictionnaire des noms de cépages de France, *par Pierre Rézeau (1998).*

** *Source B.N.I.A. 1998.*

– le saint-émilion dans les Charentes et dans le Gers ;
– le chatar, muscadet, cadillac, Cadillate, castillonne en Gironde ;
– queue de renard ou roussan dans la région de Nice.

LE BACO 22 A ou Maurice BACO

C'est le seul cépage hybride producteur direct (H.P.D.) encore utilisé pour une production d'appellation contrôlée. Ce cépage blanc a été obtenu en 1898, après le désastre causé par le phylloxéra, par le croisement de la folle blanche et du noah (lui-même issu du croisement entre le labrusca* et le riparia**). Son utilisation n'est autorisée que pour l'élaboration des eaux-de-vie d'armagnac. Malheureusement, il semble voué à disparaître en 2010 après plus d'un siècle de bons et loyaux services. Il se comporte très bien dans les sols sablonneux et supporte assez mal les sols calcaires. En 1912 à Cazaubon et en 1922 à Eauze, les eaux-de-vie issues de ce cépage étaient déjà jugées les meilleures. François Baco était instituteur à Bélus dans les Landes. Il aurait donné au cépage le nom de son fils Maurice, décédé à l'âge de dix-sept ans. Quant à son deuxième nom de baco 22 A, ce serait le 22e pied de la première rangée « A » qui aurait repris avec succès lors de la multiplication du cépage. On le nomme également picquepoul du Gers dans le Gers. Il représente 3000 hectares de la superficie totale plantée, soit 20 % du vignoble.

LE COLOMBARD

Plutôt employé pour les eaux-de-vie de Cognac « Borderies », son origine serait charentaise. Cépage sensible à la pourriture grise et à l'oïdium, son vin donne un degré d'alcool élevé et a de la rondeur, son encépagement est en régression : il ne représente plus que 600 hectares dans la région d'Armagnac.

Il porte également des noms différents suivant les régions :

– le colombar et le colombier en Gironde ;
– le charbier vert, le donne verte et rousse, le gros blanc roux, le Pied tendre dans la région du Blayais ;
– la queue verte, la guenille, le bon blanc en Vendée ;
– le blanc émery en Maine-et-Loire.

LE JURANÇON BLANC

Son origine viendrait du Sud-Ouest et de la commune qui porte la même appellation.

Il aurait également été cultivé dans les Charentes. C'est un cépage résistant, tant à l'oïdium et au mildiou, qu'aux gelées. Il est vinifié en blanc et son vin est dénué de tout caractère. Il ne représente que quelques souches à titre expérimental en tant qu'ancien cépage de l'appellation dans le Gers. Bien qu'il en soit proche, il ne faut pas le confondre avec le jurançon noir. Ses synonymes sont :

– le quillat (Plant de Madame Quillat),
– plant dressé,
– dame blanc.

LA CLAIRETTE DE GASCOGNE ou Claret de Gascogne

Ce cépage n'a rien de commun avec la clairette du Languedoc. Il est originaire du Midi et déjà connu après le Moyen Âge (1490) sous le nom de clerette. C'est un cépage résistant, mais pourtant sensible au mildiou et à la pourriture grise. Son implantation ne compte que quelques plants dans le vignoble d'armagnac.

On le connaît sous d'autres noms :

– la malvoisie dans le Lot-et-Garonne et en Gironde.

* *Le labrusca est une variété américaine, au goût foxé, qui n'aime pas les sols calcaires et qui aurait pour descendant le noah, lui-même un « H.P.D. ».*

** *Le riparia a été créé à l'université de Montpellier et est surnommé le « Clone ». Il est très résistant au phylloxéra.*

LA BLANQUETTE GRISE
également appelé PLANT DE GRAISSE

Ce serait un seul et même cépage qui porte pourtant deux noms différents. Issu du Sud-Ouest, il ne représentait au dernier recensement que quelques souches, mais pourrait reprendre du service, après les essais et peut-être remplacer le baco 22 A dans le vignoble. Son jus, très visqueux, fait penser à de la graisse d'où sa dénomination. Il est très résistant aux maladies et donne de gros rendements. Les eaux-de-vie issues de ce cépage sont rondes et onctueuses; elles se rapprochent un peu du baco. Grâce à de nouvelles études menées par l'I.N.R.A., son encépagement pourrait s'intensifier dans quelques années.

On lui connaît des synonymes :

- le gras ;
- la caboche ;
- plant de Mun ;
- président ;
- gros blanc.

LE MESLIER SAINT-FRANÇOIS

Il est originaire du Centre Loire où il était attesté déjà en 1537. Il est à un stade expérimental pour son encépagement dans la région d'Armagnac. Il résiste à l'oïdium et à la pourriture grise et a pour particularité de bien reprendre après les gelées de printemps. Après quelques mois d'élevage, il donne de belles notes de fraîcheur et une belle acidité aux eaux-de-vie.

On le nomme aussi :

- le gros meslier ;
- le meslier blanc ;
- le meslier d'Orléans.

LE MAUZAC BLANC

Il existe de multiples variétés de mauzac blanc. Dans le Sud-Ouest, on pourrait le nommer la blanquette. Il est pratiquement inexistant en Armagnac. Son encépagement était au sommet dans les années 1960. Il donne des vins très acides.

On le connaît également sous d'autres noms :

- la blanquette ;
- le maussac ;
- le moissac (ville dont il serait originaire) ;
- le suduvais.

LA FOLLE BLANCHE

Ce cépage est sûrement d'origine charentaise. Il portait le nom de « rochelle blanc » au Moyen Âge et Olivier de Serres le cite déjà en 1601. Ses synonymes sont nombreux à travers la France :

- le gros plant dans le pays nantais ;
- enrage ou fol ou fou, dans la région de Montpont (il pousse partout, érigé comme un fou) ;
- plant de dame ou plant de madame dans la région de Condom et Nérac ;
- picpoul, picpout, picquepouille dans le département du Gers ;
- dame blanche dans le Lot-et-Garonne ;
- bouillon dans le Limousin ;
- chalosse blanche ou grosse chalosse dans la région de la Chalosse (Landes) ;
- mendic, mendik, mondic dans l'Aveyron ;
- amounédat, camobraque à Oléron et dans les Pyrénées-Atlantiques.

Lorsqu'il arrive à maturité, c'est un cépage de couleur blanche, verdâtre. Il est peu sensible à l'oïdium mais craint beaucoup le « black-rot » et la pourriture grise. Il demande énormément de soins et de traitements. La folle blanche est à la base de la création du baco 22 A. Sa culture dans la région de l'Armagnac ne représente plus qu'environ 150 hectares, soit 1 % du vignoble, alors que, jusqu'en 1890, c'était le principal cépage utilisé dans la production d'eau-de-vie d'armagnac.

Les principales maladies de la vigne

Le phylloxéra

Petit insecte originaire des Amériques qui vit en symbiose avec les plants de vignes indigènes qui sont très peu attaqués. Introduit en France par des pépiniéristes, il provoque en 1863, à partir du vignoble de Pujault dans le Gard, la plus grande catastrophe économique viticole. C'est M. Delorme, vétérinaire, qui le premier en fait la découverte en constatant le dépérissement de la vigne.

Cet insecte, qui détruira le vignoble français et européen, est connu sous deux formes : la forme souterraine qui attaque les petites racines de la vigne, et la forme volante qui attaque les feuilles.

Il épargne les vignes au sol sablonneux (Bas-Armagnac) qui rendent difficile sa progression : le sable l'ensevelit au fur et à mesure qu'il creuse des tunnels. Il supporte très mal l'humidité ; les terrains inondables sont donc aussi épargnés.

Le black-rot

Maladie d'origine cryptogamique, due à un champignon (*Guignardia Bidwellii*), le black-rot attaque surtout le vignoble de l'ouest de la France. Il se caractérise par des taches noires sur les feuilles, puis un dessèchement de la grappe de raisins.

Le mildiou

Maladie d'origine cryptogamique (*Plasmopara Viticola*), il fait son apparition en 1878. Vraisemblablement importé d'Amérique, il attaque tous les organes verts de la vigne, surtout celle de *Vitis-Vinifiera*, plus sensible.

Il reste de nos jours une des maladies les plus dévastatrices ; il colore les baies d'une teinte bleue violacée et les fait ensuite tomber.

Le seul traitement connu est le sulfatage à des moments bien précis.

L'oïdium

Presque disparue, cette maladie est en recrudescence depuis 1978. Ce champignon parasite (*Uncinula*

Necator) s'attaque aux parties vertes de la vigne. Il se caractérise par une poussière dense d'aspect farineux qui recouvre les baies et qui provoque un brunissement de celles-ci, puis un dessèchement. Les rares traitements efficaces sont à base de soufre.

LES SOLS DE L'ARMAGNAC

Environ 15 000 hectares de vignes composent la région de l'Armagnac. Chacune des trois appellations régionales a sa propre spécificité. Les zones « frontalières » peuvent présenter quelques exceptions, les composants des sols ayant des similitudes. Néanmoins, des caractéristiques générales peuvent être distinguées, dans chacune des appellations.

LE BAS-ARMAGNAC

Il se situe en grande partie dans le département du Gers, avec un débordement à l'ouest dans le département des Landes qui représente dans sa totalité 8 000 hectares. Dans cette partie, le sol, principalement sablonneux, est de type quartzeux, et on le nomme « les sables fauves » ; le sable, qui contient des éléments ferrugineux, lui donne une couleur marron brunâtre, qui rappelle le pelage des fauves. Au siècle dernier, la progression du phylloxéra a été très ralentie grâce à ce sable. L'autre partie, dans le Gers, a un sol argilo-siliceux, appelé « boulbène », avec très peu de calcaire. Les eaux-de-vie produites ici sont riches et onctueuses.

L'ARMAGNAC-TÉNARÈZE (depuis 1993)

La superficie totale de cette appellation est de 6500 hectares avec un sol essentiellement argilo-calcaire appelé localement « Peyrusquet », avec quelques zones sablonneuses. Les eaux-de-vie sont plutôt corsées et demandent 20 à 30 ans de vieillissement pour s'exprimer pleinement.

Le nom de Ténarèze signifie « chemin des crêtes », car il permettait aux voyageurs de ne pas franchir les rivières depuis Bordeaux, jusqu'aux Pyrénées et donc de ne pas acquitter les taxes et autres droits de passage.

LE HAUT-ARMAGNAC

Il est actuellement composé de 500 hectares. Il faut noter que cette région est en pleine restructuration et que 120 communes de l'appellation sont promises à la disparition prochainement. Le sol est plutôt calcaire, d'où son surnom « d'armagnac blanc », elle comporte également des zones de marnes et de sables. Le pH. est acide et ce sol bénéficie d'un taux d'hygrométrie assez fort. Les eaux-de-vie sont vives et à boire de préférence jeunes.

Du cep de vigne à l'eau-de-vie ou l'alchimie de l'« Aygue ardente »

LA VINIFICATION DES VINS BLANCS

L'eau-de-vie d'armagnac est produite à partir de vins blancs issus de raisins blancs (donc un blanc de blancs) ayant une bonne acidité et un faible degré d'alcool. C'est un principe de base et il est essentiel de se le rappeler.

Ces vins blancs sont donc vinifiés de la façon la plus traditionnelle qui soit, sans ajout de soufre, sans chaptalisation (ajout de sucre pour augmenter le degré d'alcool), sans possibilité d'acidifier le vin, et en laissant le plus possible de « lies fines », petites particules en suspension dans le vin (levure) qui apporteront plus de bouquet et de gras à la future eau-de-vie, lorsque celle-ci sera distillée le plus tôt possible après la fin de la fermentation.

Les cépages précités sont vinifiés seuls ou ensemble afin d'obtenir le vin blanc, qui au plus tard le 31 mars suivant la récolte (un décret de campagne est fixé chaque année), servira pour la distillation et l'obtention des eaux-de-vie blanches.

LA DISTILLATION DES VINS

C'est une pratique millénaire que nous auraient enseignée les Maures, l'art de transformer un produit en un autre. Ce serait un héritage de leurs invasions. Ils ne distillaient pourtant pas de l'alcool pour la consommation, mais utilisaient ce procédé pour l'élaboration des produits de maquillage des femmes : « le khôl »*. Au fil du temps ce nom deviendra « al khôl » puis alcool.

De tout temps, les savants ont cherché à perfectionner les alambics. Au IIe siècle les savants de l'école d'Alexandrie les nomment déjà les « ambix » et nous ont laissé des schémas succincts. Nos savants de l'école de Montpellier ont connaissance de la distillation assez tardivement mais perfectionnent rapidement les appareils. Connu pour ses travaux sur les vins doux naturels, Arnaud de Villeneuve mentionne déjà au XIVe siècle « les esprits de vin qui exaltent le pouvoir des plantes et des racines et des herbes, cet alcool pouvant être rectifié si on le fractionne pour n'en retirer que le cœur** ». On connaît donc déjà à cette époque l'importance de séparer les différents produits obtenus pour n'en garder que le meilleur. Pendant très longtemps, ces produits ne serviront qu'à des fins médicamenteuses. Dans son livre, *Traité raisonné de la distillation* publié en 1753, Dejean relate plus de trente années d'observation et mentionne les trois grands principes utilisés pour la distillation, suivant le besoin des utilisations.

Ces trois principes sont :

- distillation *Per Ascensum*, qui fait monter les esprits et qui sera la plus utilisée ;
- distillation *Per Descensum*, qui fait précipiter les esprits ; elle sera surtout utilisée par les liquoristes pour les essences de girofle, muscade, macis… ;
- distillation *Per Latus*, utilisée par les alchimistes dans leurs laboratoires.

Seulement deux méthodes sont utilisées et autorisées pour l'élaboration des eaux-de-vie d'armagnac :

* *Divers produits entrent dans la distillation du khôl; l'un deux est l'antimoine, un sel minéral aux propriétés voisines de celles de l'arsenic, de couleur blanche, bleuâtre; il a pour base la stibine, un minerai sulfuré. L'antimoine était utilisé comme médicament dans le traitement des maladies pulmonaires.*

** Eau-de-vie et Terroir *de Henri Dufor, éd. Privat.*

– la distillation dite *armagnacaise*, à premier jet continu ;

– la distillation dite *cognacaise*, à double chauffe.

La méthode dite traditionnelle aujourd'hui, à savoir la distillation armagnacaise à premier jet continu, n'est obligatoire et seule admise que de 1943 à 1971. Un décret de 1972 autorise à nouveau l'usage de l'alambic dit cognacais, à double chauffe. Peu employé de nos jours, on compte seulement 24 alambics de ce type dans la région de l'Armagnac contre 138 alambics à premier jet continu.

En fait les deux méthodes devraient être utilisées, certes de facons différentes, selon la provenance des vins et en fonction des sols qui ont vu pousser les vignes.

La double chauffe a pour conséquence de laisser peu de composants non-alcools (soit 2 g/l de composant non-alcool) d'une eau-de-vie, ce qui la rend plus souple et fine et donc pourra être bue plus rapidement. Les vins issus de sols calcaires devraient être distillés de cette façon.

La distillation à premier jet continu laisse des composants plus lourds (soit 3 g/l de composant non-alcool) donc moins épurés, et davantage chargés en composants non-alcool, qui demanderont plus de temps de vieillissement pour se fondre, mais apporteront la richesse aromatique inégalable de l'armagnac*.

L'eau-de-vie d'armagnac est injustement mais pourtant fortement taxée comme un vulgaire produit industriel, tel un alcool quelconque. Il n'est fait aucun cas du temps de vieillissement nécessaire pour obtenir cette merveilleuse couleur ambrée et cette qualité tant recherchée. Ni du travail long et patiemment effectué par les hommes qui donneront à l'armagnac toute sa valeur. L'interprofession a demandé en 1997 le classement de l'armagnac en tant que produit agricole. Les taxes qui représentent 60 % du prix de vente sur une bouteille pourraient peut-être ainsi être allégées.

* *Pour information une Vodka contient moins de 0,5 g/l de composants non-alcool.*

PRÉSENTATION DES DIFFÉRENTS ALAMBICS

LA DOUBLE DISTILLATION

(ou alambic dit cognacais) :

C'est un alambic à double chauffe. La première étape consiste à chauffer le vin pour obtenir le « brouillis » qui titre entre 27° et 30° d'alcool Gay-Lussac. Tous les brouillis sont ensuite assemblés et subissent une deuxième chauffe. Cette « bonne chauffe » donne trois sous-produits qui vont être séparés et couleront pendant la distillation à des moments différents selon la température de l'alambic. Le premier à couler est la « tête », un liquide laiteux et très riche en esthers. Vient ensuite le « cœur », limpide et clair, dont le mélange moyen titre au maximum 72° Gay-Lussac et qui va donner l'eau-de-vie à vieillir. Enfin, c'est les « secondes », puis la « queue » qui coulent. Plusieurs « têtes » et « queues » sont ainsi remélangées au vin en attente de distillation et repassent dans l'alambic, qui après chaque chauffe est nettoyé après récupération des vinasses pour les dépolluer.

L'ALAMBIC ARMAGNACAIS :

Le vin en passant dans le chauffe-vin (1) va se réchauffer grâce à la haute température des vapeurs d'eau-de-vie qui se précipitent dans le serpentin (2) et arrivent sous forme liquide dans la pièce de réception qui accueille la future eau-de-vie d'armagnac (8). Le vin, une fois préchauffé, s'écoule depuis le haut du chauffe-vin dans la colonne à plateaux, afin de commencer sa longue transformation au travers de la colonne de l'alambic (3). Il va descendre de plateau en plateau (4) et s'élever en température, pour arriver à ébullition dans le bas de la chaudière (5). La chaudière (5), chauffée au gaz, au charbon ou au bois, finit de mettre en ébullition le vin qui dès sa mise en vapeur va pouvoir commencer sa remontée au travers des plateaux en cuivre en forme de « patte d'araignée », de « toit de chapelle », de « tunnel » ou de « calotte », tout en s'épurant des composants les plus lourds. Les vapeurs pour pouvoir passer dans les plateaux supérieurs devront passer au travers du vin qui cherche lui à descendre (6). Arrivées en haut de la chaudière les vapeurs vont emprunter « le col de cygne »,

dessin de S. Ernest – © – GFA de Pichon-Longueville, 1993

redescendre dans le serpentin (2) et retrouver une forme liquide, limpide et translucide en arrivant en bas du serpentin, refroidie grâce au vin, puis à l'eau de refroidissement qui entoure le serpentin (7) avec le vin en haut et l'eau en bas. Cette eau-de-vie jeune et incolore titrant en général entre 52° et 65° d'alcool Gay-Lussac va pouvoir commencer son long vieillissement sous-bois qui l'amènera à l'armagnac.

Le vieillissement ou maturation des eaux-de-vie

Le vieillissement est une étape des plus importantes pour l'avenir des armagnacs. À l'origine, il semblerait que les eaux-de-vie étaient consommées blanches et cette pratique de l'élevage est un héritage des Celtes qui logeaient diverses denrées alimentaires dans des fûts soit de chêne, de châtaignier ou de hêtre. Ces pièces avaient une contenance de 205 litres puis sont rapidement passées à la contenance de 400 à 420 litres pour les pièces d'armagnac.

La « sylviculture » prendra son essor avec les importantes plantations de chênes, essentiellement utilisés pour la construction de charpentes pour les chantiers maritimes. On utilisait des chênes à croissance rapide, de couleur sombre, laissant apparaître peu de vaisseaux conducteurs de sève, mais ayant une grande richesse en fibres. Mais les méthodes de construction des bateaux ont changé, le chêne, très sollicité pour diverses utilisations, devait être ensuite homogène, clair et pas trop dense avec une croissance régulière et pas trop rapide. Seulement 5 % des coupes de bois de chêne sont utilisées pour la confection des douelles avec lesquelles on fabrique les pièces. Cela représente 90 000 mètres cubes de grumes par an. La grume est la partie à la base du tronc qui sert uniquement à la fabrication de la futaille. Pas moins de 18 000 fûts* sont ainsi confectionnés annuellement

**Un mètre cube de grumes fendus = 2 fûts de 225 litres avec les fonds.*

avec le « merrain », la partie la plus noble située entre le cœur et l'aubier de la grume. Le merrain est utilisé fendu et non scié, et ce pour lui conserver toutes ses propriétés d'étanchéité. Après séchage de trois à cinq années, les douelles sont mises côte à côte, sans être collées, et après cintrage forment le fût. Les forêts font l'objet d'une très grande surveillance pour maintenir la qualité du bois et il est intéressant de noter que les 90000 mètres cubes de grumes ne représentent qu'une toute petite partie des forêts de chêne dont l'accroissement naturel annuel est de 10000000 de mètres cubes.

Le maître de chai a pour mission de sélectionner ces pièces qui verront vieillir les eaux-de-vie pendant 2 à 5 années minimum. Le bois des eaux-de-vie d'armagnac provient de la forêt de Monlezun où pousse le chêne *Quercus Pedunculata* qui apporte à l'eau-de-vie toute sa richesse, son moelleux et son caractère. Un vieux dicton gascon dit aussi que « l'armagnac doit vieillir dans le fût de chêne qui aura été fait avec le bois qui a vu mûrir les raisins ». C'est pour cette raison que l'on peut voir dans de nombreuses propriétés ou chez les négociants, les stocks de douelles en cours de mûrissement au fond de la cour et à l'air libre. C'est le lessivage*; il permet d'éliminer les toxines du bois qui, autrement, pourraient donner à l'armagnac une note de verdeur plus ou moins prononcée et aussi le dessécher lors de sa dégustation.

M. Puech**, qui dirige le laboratoire des polymères et techniques physico-chimiques à Montpellier, a effectué des recherches qui démontrent clairement que l'extraction des composants du bois, à savoir la lignine (2 à 6 % au total) qui contient entre autres la vanilline et l'acide vanillique, est due en grande partie à la richesse alcoolique des eaux-de-vie. Pourtant une eau-de-vie à 72° d'alcool Gay Lussac (GL) ne semble pas être le meilleur solvant, mais plutôt celle à 55° d'alcool GL. Il semble donc que la méthode de distillation armagnacaise, qui donne des eaux-de-vie entre 52° et 65° d'alcool GL à la sortie de l'alambic, soit la mieux adaptée pour favoriser l'extraction de ces lignines.

Le façonnage du bois lors du cintrage des douelles est également un moment capital pour l'avenir de l'armagnac. Le brûlage du bois doit être important afin que les composants aromatiques du bois puissent se dissoudre dans l'eau-de-vie et lui apporter le maximum d'éléments polymères hydrolysables.

Enfin, les chais ont aussi un grand rôle à jouer dans le vieillissement des eaux-de-vie en raison de l'humidité de l'air qui y règne. « La part des anges », ces vapeurs d'alcool dont l'évaporation représente 2 à 6 % du volume des eaux-de-vie d'un chai, combinée à l'humidité, fait qu'un champignon noir, le *Torula*, se développe. Il aurait son importance au moment de l'échange entre les composants du bois et de l'eau-de-vie par l'action d'une enzyme (la peroxyde). L'hygrométrie du chai a une influence certaine sur le vieillissement des eaux-de-vie. On constate en effet que plus un chai est humide, plus les eaux-de-vie sont rondes et perdent leur richesse en alcool, car les molécules d'alcool s'évaporent les premières. À l'inverse, plus un chai est sec, plus les eaux-de-vie ont tendance à s'évaporer en volume, car les molécules d'eau se séparent les premières, et les eaux-de-vie peuvent gagner en richesse alcoolique; les armagnacs peuvent avoir un côté brûlant et asséchant. On dit qu'ils ont du « feu ».

Les armagnacs proposés à la vente ont des degrés d'alcool très variables. Pour des raisons de prix de vente, dû à la taxation proportionnelle au degré de l'eau-de-vie, la plupart des opérateurs abaissent le degré d'alcool jusqu'à 40° GL et ce, en ajoutant de l'eau distillée, ou bien en pratiquant la technique des « petites eaux »*** afin que le mariage de l'eau et de l'eau-de-vie se fasse dans les meilleures conditions.

D'autres laissent le degré d'alcool naturel du vieillissement, sans aucun ajout, afin de vous faire découvrir

* *Pluies, soleil et vents font le lessivage des douelles; on a constaté depuis longtemps de bons résultats après 24 à 36 mois minimum pour des douelles entre 21 et 28 mm de largeur.*

** Vigne et vin *publications internationales, Martillac (33).*

*** *Mélange d'armagnac très boisé, d'eau distillée avec parfois du sucre à 2 %, ayant un degré d'alcool d'environ 25° GL, l'ensemble ayant vieilli comme l'armagnac qu'il sert à abaisser.*

leurs armagnacs sous leur meilleur jour, mais il faut attendre et faire vieillir ces eaux-de-vie au moins vingt ans pour qu'elles atteignent naturellement les 45° d'alcool, qui, au-delà de ce degré, devient difficile à consommer.

Or, 75 % des armagnacs sont vendus avant d'avoir sept ans d'âge…

Tant que l'armagnac est en pièce, il continue de vivre et d'évoluer ; il peut respirer à travers le bois. Ensuite, vient le moment où le maître de chai décide qu'il est temps pour cette eau-de-vie d'être mise sous verre (bonbonne ou bouteille). Le choix de ce moment est primordial car c'est l'eau-de-vie que vous dégusterez dans vos verres.

L'armagnac ne devra pas être trop boisé et avoir « digéré » son élevage sous bois. C'est pour cela que

une à deux années de passage en bois neuf suffiront pour apporter à l'eau-de-vie sa couleur et les composants du bois qui évolueront au cours du mûrissement dans des pièces de chêne plus anciennes qui ne serviront qu'à l'échange entre l'air du chai et l'eau-de-vie.

L'interprofession a demandé depuis peu que la date de mise sous verre figure sur les étiquettes des armagnacs millésimés. Il reste à souhaiter que cette pratique se généralise afin que le consommateur soit parfaitement renseigné sur l'élevage du produit qu'il achète. En effet, il vaut mieux une eau-de-vie âgée de 50 ans mais restée 30 ans « sous bois », c'est-à-dire en barrique, plutôt qu'une eau-de-vie de 100 ans qui ne sera restée que 10 ou 15 ans « sous bois ».

Comment déguster une eau-de-vie d'armagnac

Déguster un armagnac doit être un moment de plaisir. Un armagnac peut être unique dans sa catégorie, il n'en sera pas moins complexe dans son caractère ou ses composants. Il faut choisir le bon moment pour le consommer. Vous éprouverez des sensations différentes selon que vous le dégusterez après le déjeuner, l'après-midi, ou pour finir agréablement une soirée. En fait, il serait préférable d'avoir différents armagnacs, chacun associé à un moment précis. Vous trouverez dans ce chapitre des conseils simples pour exprimer vos sensations au moment de la dégustation que l'on décompose en trois parties :

- la phase visuelle ;
- la phase olfactive (le nez ou olfaction) ;
- la phase gustative.

LA PHASE VISUELLE

C'est le premier contact avec l'eau-de-vie. Au travers de sa couleur, elle donne des indications sur sa qualité et sur son âge, bien qu'il faille justement émettre quelques réserves pour les eaux-de-vie (dues au vieillissement sous bois). Voici une échelle indicative :

Défaut					Qualité
	Trouble/	Louche (léger trouble)/	Terne/	Voilée/	Brillante et limpide/

L'eau-de-vie doit donc être brillante et limpide, gage de sa qualité. Si l'eau-de-vie est trouble, elle peut être éventée. Le disque peut être de couleur verte avec plus ou moins d'intensité.

LA PALETTE DES COULEURS

Selon que le bois des futailles est plus ou moins jeune, et selon que l'eau-de-vie y est restée plus ou moins longtemps, la couleur de l'eau-de-vie varie du jaune paille clair, aux couleurs ambrées, parfois marron foncé, en passant par le topaze.

CLAIR	eau-de-vie JEUNE	jaune paille clair
		jaune paille foncé (profond)
		cuivré
		topaze clair
		topaze
	eau-de-vie MOYENNE	topaze foncé (profond)
		vieil or
		vieux cuivre
		ambré clair
		ambré
		ambré soutenu
	eau-de-vie ÂGÉE	ambré foncé (profond)
		marron
		marron foncé (profond)
FONCÉ		marron/noir

LA PHASE OLFACTIVE - LE NEZ

Une eau-de-vie titre entre 40 et 50° d'alcool GL; la sensation alcooleuse est beaucoup plus intense que dans un vin, il ne faut donc pas mettre le nez dans le verre au risque de « l'endormir » ou de « l'anesthésier » et donc de perdre toutes vos sensations aromatiques

ou de vous rebuter définitivement. Il faut faire tourner l'eau-de-vie dans le verre afin d'exhaler les arômes, mais en laissant le verre à quelques centimètres sous le nez.
Les arômes sont parfois difficiles à exprimer ; pour cela j'ai établi une liste qui m'est personnelle, d'environ 80 arômes, afin de vous aider dans votre approche d'une eau-de-vie d'armagnac, sans que cette liste soit exhaustive.

LA DÉGUSTATION

Enfin le grand moment ! Il faut prendre très peu d'eau-de-vie pour la première gorgée et la faire rouler sur tout le palais avant d'avaler. Voici les différentes étapes :
– l'attaque en bouche doit être franche, sans défaut ni mauvais goût ;
– l'eau-de-vie doit avoir gardé une belle acidité ou fraîcheur restée en équilibre avec le côté moelleux.

Échelle de l'équilibre entre l'acidité et le moelleux (associé parfois à la sucrosité) :

Acidité								Moelleux
défaut				Équilibre				défaut
Vert/	Acide/	Sèche/	Nerveuse/	Tendre/	Fraîche/	Moelleuse/	Douce/	Molle/

– les tanins seront plus ou moins présents selon le passage sous bois. Plus l'eau-de-vie est âgée plus ses tanins seront fondus, c'est-à-dire transformés en onctuosité.
– la rétro-olfaction consiste à faire « rouler » l'eau-de-vie sur le palais, la « mâcher » et enfin l'avaler, et immédiatement faire passer de l'air dans la bouche et l'expirer par le nez. La bouche ainsi réchauffe l'eau-de-vie et permet de dégager des arômes et des sensations plus intenses qu'au nez.
– la longueur de l'eau-de-vie en finale est un gage de qualité et de soins apportés à celle-ci.

Échelle de persistance en bouche des eaux-de-vie :

Défaut				Qualité
Mince/	Courte/	Intense/	Longue/	Persistante/

Échelle de l'harmonie des eaux-de-vie :

Défaut							Qualité
Vide/	Creuse/	Mince/	Coulante/	Puissante/	Veloutée/	Ronde/	Pleine/

Échelle de richesse en alcool des eaux-de-vie :

Défaut par faiblesse ______ Équilibre ______ Défaut par excès
Aqueux/ Petit/ Faible/ Léger/ Équilibré/ Riche/ Fougueux/ Chaleureux/ Alcooleux/ Brûlant/

Enfin, humer le fond du verre résume toute la richesse aromatique de l'eau-de-vie et termine le plaisir de la dégustation.
Toutes les sensations ne doivent pas être une superposition d'arômes et de goût, mais doivent être en harmonie et se fondre les unes avec les autres.

CONSEILS PRATIQUES

– Toujours conserver les bouteilles d'eau-de-vie debout.
– Une eau-de-vie est meilleure si elle est bien aérée ; il vaut mieux pour cela servir une bouteille déjà entamée plutôt que de l'ouvrir au dernier moment.

LES VERRES À DIGESTIF

Il existe plusieurs formes de verres à digestif que l'on peut classer suivant les eaux-de-vie à déguster.
La forme classique, ronde et galbée, existe en différentes dimensions et avec des volumes très variables. Sans tomber dans l'excès du trop petit, qui empêchera les arômes de s'exprimer, ni du trop grand qui les fera se volatiliser, le volume le plus judicieux me semble être 42 cl. Ces verres sont mieux adaptés aux eaux-de-vie assez riches, anciennes, qui demandent beaucoup d'aération pour exhaler les arômes.
La forme tulipe, de plus petite contenance, environ 18 cl, est plus adaptée aux doses de dégustation. Ces verres conviennent mieux à des eaux-de-vie élégantes et fines, pas trop fougueuses, pour des doses de 1 à 2 cl.
Dans tous les cas, l'eau-de-vie doit être servie à température ambiante (20 à 22 °C), surtout pour les plus vénérables. Celles plus jeunes, de 3 à 5 ans, si elles ne sont pas trop boisées, supportent une température de service d'environ 16 °C (surtout en période de forte chaleur)

LES FRUITS

– POIRE : on la retrouve souvent, fraîche ou légèrement compotée pour les eaux-de-vie jeunes, cuite ou caramélisée pour les plus vieilles généralement accompagnée d'épices.
– POMME : elle donne de la finesse à l'eau-de-vie, fraîche et légèrement compotée pour les eaux-de-vie jeunes (de 3 à 10 ans), cuite et épicée pour les plus vieilles (20 ans).

LISTE DES ARÔMES DES EAUX-DE-VIE D'ARMAGNAC

FRUITS	FLEURS ET PLANTES	ÉPICES	ANIMAUX	FRUITS SECS
poire	violette	vanille	civette	amande
pomme	pommier	cannelle	fourrure	noix
kirsch	menthe	poivre	cuir	noisette
cerise	camomille	pain d'épice	suc viande rôtie	pruneau
framboise	verveine	baie de genièvre	musc	pistache
airelle	fleurs séchées	girofle		cacahuète
figue	fougère	gingembre		
abricot	mousse	noix de muscade		
pêche de vigne	fleur d'oranger	réglisse		
pêche jaune	anis	zan		
prune	fenouil	safran		
coing	tilleul			
muscat	gentiane			
raisin	thym			
prunelle	angélique			
mirabelle	foin			
mûre	tabac			
	sève végétale			
	mimosa			
	lavande			
	champignon			

AGRUMES	EMPYREUMATIQUES	AUTRES	BOISÉS
mandarine	café	acétate d'éthyle	rancio
orange	cacao	beurre	chêne
pamplemousse	pierre à fusil	sable chaud	bois exotique
citron	pain grillé	caramel	bois vert
cédrat	fumé	terre	pin (résineux)
	thé	cire d'abeilles	
	goudron	humus	
		iode	

– KIRSCH : petit fruit rouge acide qui apporte de la fraîcheur et qui se marque par le côté noyau (amande).
– CERISE : le goût des griottes se retrouve souvent; il donne de la fraîcheur; sera plutôt rare pour les eaux-de-vie ambrées.
– AIRELLE : petit fruit à la peau noire, ce sera surtout sa note poivrée et légèrement acidulée que l'on retrouvera dans l'armagnac plutôt jeune, maximum 12 à 15 ans.
– FIGUE : c'est un arôme assez noble; la figue fraîche pour les eaux-de-vie jeunes, la figue cuite pour celles de 10 à 20 ans et la figue séchée pour les plus de 30 ans que l'on peut associer au rancio.
– ABRICOT : un fruit onctueux par excellence (comme la pêche) qui apporte de l'ampleur à l'eau-de-vie, soit avec des arômes frais et compotés pour les plus jeunes, soit secs et confits pour celles de plus de 20 ou 25 ans.
– PÊCHE DE VIGNE : très rare dans les eaux-de-vie, mais dans l'affirmative, quelle élégance!
– PÊCHE JAUNE : la pêche jaune fraîche ou au sirop et cuite donne beaucoup de classe à l'eau-de-vie de 15 à 20 ans.
– PRUNE : c'est surtout son petit côté acide que l'on retrouve dans les eaux-de-vie jeunes, et surtout à la sortie de l'alambic; les eaux-de-vie plus vieilles seront marquées par le côté oxydé du pruneau.

– COING : c'est un goût de confiture ou de pâte de coing qui peut marquer les eaux-de-vie allant de 5 à 20 ans, parfois accompagné d'épices douces suivant l'élevage et la qualité du bois; dans tous les cas une note d'élégance des eaux-de-vie.

– MUSCAT : les eaux-de-vie marquées par le raisin ou muscatées ont un côté aérien, avec des notes de soleil et d'épices; le muscat séché s'associe aux eaux-de-vie de 10 à 15 ans.

– RAISIN : c'est le goût du fruit jeune de la fin de l'été pour les eaux-de-vie de 3 à 5 ans et peu boisées; c'est le raisin sec pour celles de plus de 10 ans.

– PRUNELLE : les eaux-de-vie jeunes peuvent avoir le goût du fruit frais et les eaux-de-vie plus anciennes celui du noyau (amandes).

– MIRABELLE : elle s'accompagne d'épices suivant l'élevage; les eaux-de-vie jeunes s'associent aux fruits frais, les plus anciennes aux mirabelles cuites ou compotées.

– MÛRE : c'est le côté poivré du fruit qui se retrouve dans les eaux-de-vie et il peut s'accompagner d'une belle note de violette.

LES FLEURS ET LES PLANTES

– VIOLETTE : rare dans les eaux-de-vie (et même dans les vins), c'est le signe d'une grande eau-de-vie qui peut être de Bas-Armagnac ou de la Ténarèze, de n'importe quel âge et parfois associée à du zan.

– FLEUR DE POMMIER : c'est un côté fugace qui apporte de l'élégance à l'eau-de-vie jeune ayant 3 à 5 ans.

– MENTHE : elle peut être vive et fraîche, mais aussi poivrée; elle apporte donc de la fraîcheur et empêche la lourdeur; on peut aussi parler d'un côté chlorophylle.

– CAMOMILLE : elle est assez difficile à retrouver ; ce côté fin et délicat est souvent associé à d'autres arômes plus lourds dans les eaux-de-vie de 10 ans.
– VERVEINE : selon l'âge de l'eau-de-vie, elle peut être fraîche ou séchée.
– FLEURS SÉCHÉES : c'est l'image d'un bouquet à l'odeur un peu fanée, souvent dans les eaux-de-vie de 10 ans peu boisées.
– FOUGÈRE : en général c'est la fougère séchée et le sous-bois qu'il faut se représenter et que l'on remarque souvent dans les eaux-de-vie d'environ 10 ans.
– MOUSSE D'ARBRE : on définit sous ce nom une sensation « terreuse » et de champignon qui se retrouve dans les eaux-de-vie boisées de 18 à 25 ans.
– FLEUR D'ORANGER : rare dans les armagnacs, elle donne de la noblesse à une eau-de-vie jeune et peu boisée.
– ANIS : c'est en général dans les eaux-de-vie boisées que l'on a cet arôme, mais on trouve aussi des eaux-de-vie blanches, qui dès la sortie de l'alambic, sont marquées par ce goût, qui peut être de l'anis vert ou étoilé.
– TILLEUL : il apporte une note rafraîchissante ; frais pour les eaux-de-vie jeunes, séché pour les plus anciennes.

– FENOUIL : ressemble à l'anis mais plus mentholé ; frais pour les eaux-de-vie jeunes, cuit ou confit pour les plus anciennes voire vénérables de plus de 70 ans.
– GENTIANE : un côté terreux qui apporte de l'amertume à l'eau-de-vie, désagréable si excessif, mais qui donne du relief si la note est légère.
– THYM : assez rare mais donne de l'élégance à l'eau-de-vie ; thym frais et sensation de garrigue pour des eaux-de-vie épicées avec un beau boisé.
– ANGÉLIQUE : c'est le fruit confit que l'on retrouve, et comme le coing et l'abricot, c'est un gage de finesse.
– FOIN : frais ou séché, suivant l'âge de l'eau-de-vie, on peut le comparer aux fleurs séchées.
– TABAC : c'est une note caractéristique du vieillissement de l'eau-de-vie ; on décline toute la gamme, du tabac blond, épicé, en passant par le tabac froid, le chaud… Il s'associe à la note rancio.
– SÈVE VÉGÉTALE : c'est un défaut dans l'eau-de-vie ; un excès donne de l'amertume et peut provenir d'une futaille mal séchée ; à comparer à un morceau de bois vert que l'on mâche.
– MIMOSA : parfum délicat pour des eaux-de-vie jeunes et florales.
– LAVANDE : la lavande fraîche restitue la chaleur d'une journée dans le Midi ; elle peut être un peu poivrée ; séchée pour des eaux-de-vie plus anciennes de 12 ans.
– CHAMPIGNON : petit champignon de chai, apporte des notes terreuses, et sera le gage que les chais sont humides et que les eaux-de-vie seront rondes et souples.

LES ÉPICES

– VANILLE : c'est l'élevage sous bois neuf (la vanilline) qui apporte cet arôme ; riche pour les eaux-de-vie jeunes, il s'estompe au vieillissement, mais est présent dans la majorité des eaux-de-vie, souvent associé aux fruits cuits et aux épices. Plus ou moins corsé selon la provenance et le « brûlage » des douelles qui composent la pièce.
– CANNELLE : également apportée par l'élevage, plus ou moins riche et intense pour les mêmes raisons que la vanille et souvent associée à d'autres fruits.
– POIVRE : c'est une note épicée et chaleureuse ; le poivre blanc, rouge, vert ou noir peut se retrouver indifféremment dans les eaux-de-vie jeunes ou anciennes.
– PAIN D'ÉPICE : c'est l'arôme d'une eau-de-vie rassise et à maturité.
– BAIE DE GENIÈVRE : fraîche ou légèrement séchée suivant l'âge de l'eau-de-vie qui se distingue surtout par un côté poivré.
– GIROFLE : souvent associé à des fruits comme la poire et l'orange qui marquent des eaux-de-vie de plus de 20 ans bien faites.
– GINGEMBRE : côté épicé et poivré, frais pour les jeunes et confit pour les plus vieilles.

– MUSCADE : un arôme de vieillissement obtenu par l'élevage sous bois qui marque des eaux-de-vie rondes et boisées.
– RÉGLISSE : en général une marque d'élevage mais on peut aussi la retrouver à la sortie de l'alambic; à associer au côté rancio et boisé de l'armagnac.
– ZAN : c'est le brûlage des pièces de bois qui apporte plus ou moins cet arôme; associé parfois à de la menthe ou de la violette, il apporte beaucoup de classe.
– SAFRAN : La note safranée pourra se retrouver surtout dans les eaux-de-vie ambrées. Le côté doux et épicé lui apportera du panache.

SENTEURS ANIMALES
– CIVETTE : arôme rappelant le musc, et qui donnera beaucoup de gras à l'eau-de-vie.
– FOURRURE : elle marque les eaux-de-vie âgées; différentes selon la provenance et souvent apportées par le baco 22 A.
– CUIR : il caractérise les eaux-de-vie assez âgées et ambrées; jeune ou vieux, tanné ou épicé, suivant les critères de chacun.
– SUC DE VIANDE RÔTIE : une plaque de cuisson qui sort du four; arôme accompagné d'une note d'épice et de fumé.
– MUSC : bel arôme animal en général pour des eaux-de-vie d'un certain âge.

FRUITS SECS
– AMANDE : suivant le temps passé sous bois par l'eau-de-vie, elle sera fraîche ou verte, ou grillée ou en pâte (associée à la vanille et aux épices).
– NOIX : c'est le passage sous bois qui apporte cette note; verte ou séchée selon l'âge de l'eau-de-vie; la noix verte peut déranger si elle est excessive, ce qui peut être dû à un élevage dans du bois mal séché.
– NOISETTE : elle donne de la classe à l'eau-de-vie; verte, séchée ou grillée selon l'âge de l'eau-de-vie.
– PRUNEAU : c'est l'arôme type du vieillissement, il est le plus recherché; souvent associé à la note rancio, boisée et épicée; c'est surtout le côté oxydé du fruit qui fait la richesse d'une grande eau-de-vie.
– PISTACHE : arôme de vieillissement et d'élevage; fraîche, séchée ou sucrée, elle donne un côté grillé à l'eau-de-vie qui rappelle l'amande et la noix.
– CACAHUÈTE : arôme grillé et huileux qui marque l'eau-de-vie.

LES AGRUMES
– MANDARINE : fraîche dans les eaux-de-vie jeunes, peau de mandarine dans les eaux-de-vie d'environ 10 ans et confite pour les plus de 30 ans; elle apporte beaucoup d'élégance.
– ORANGE : plutôt confite ou en marmelade avec un côté doucereux; également des zestes confits pour les eaux-de-vie de 10 à 30 ans, associés à des épices; donne beaucoup de fraîcheur.
– PAMPLEMOUSSE : pour être précis, le rose; légère amertume pour les eaux-de-vie de 10 à 20 ans qui donne beaucoup de volume et du relief.
– CITRON : c'est plus le zeste confit que le côté acide qui peut marquer les eaux-de-vie jeunes.
– CÉDRAT : s'apparente au citron; donne une note très

douce et beaucoup de race à l'eau-de-vie (5 à 15 ans) avec une belle longueur en bouche.

EMPYREUMATIQUES

– CAFÉ : arôme d'élevage; vert, grillé et chaud ou son côté amer apporté par le chauffage du bois ou le façonnage de la pièce.
– CACAO : arôme d'élevage qui donne de l'élégance à l'eau-de-vie, plus ou moins prononcé selon le temps de passage sous bois.
– PIERRE À FUSIL : arôme minéral de deux pierres frottées l'une contre l'autre qui marque des eaux-de-vie jeunes et peu boisées.
– PAIN GRILLÉ : plus ou moins intense selon le temps de passage sous bois et selon le brûlage des pièces; arôme typique des eaux-de-vie passées sous bois, donc ambrées.
– FUMÉ : braise froide dans une cheminée qui se caractérise par un côté un peu âcre.
– THÉ : toute la subtilité des arômes du thé, vert pour les eaux-de-vie jeunes, fumé pour celles en vieillissement.
– GOUDRON : dû à du bois trop brûlé, peut être désagréable et marque un défaut de l'eau-de-vie s'il est excessif.

BOISÉS

– RANCIO : c'est le grand arôme des vieilles eaux-de-vie; on peut le définir comme un mariage entre les épices, les pruneaux et une touche de beurre légèrement cuit.
– BOIS DE CHÊNE : c'est celui qui sert à la confection des barriques (pièces); les douelles sont chauffées afin d'être arrondies; selon la chauffe les arômes iront du bois de chêne brut jusqu'au brûlé, voire même au goudron.
– BOIS EXOTIQUE : toutes les sensations des îles associées aux épices que l'on y trouve; santal, cèdre, acacia sont apportés par l'élevage et donnent de la noblesse.
– BOIS VERT : comme la sève végétale; cet arôme vient d'un bois mal séché qui garde les toxines et qui donne de l'amertume à l'eau-de-vie.
– PIN (résineux) : note fraîche et mentholée pour certaines eaux-de-vie jeunes; c'est soit l'arbre, soit les bourgeons du pin dont le parfum est plus riche et prononcé.

AUTRES

– ACÉTATE D'ÉTHYLE : note esthérée de certaines vieilles eaux-de-vie; pas vraiment déplaisante, elle disparaît après une forte aération; caractéristique de certains millésimes; désagréable si excessive.
– BEURRE : se rapproche du rancio; frais, légèrement cuit et très cuit, associé aux épices, il ressemble à un caramel mou au lait et marque plutôt les eaux-de-vie vieillies sous bois.
– SABLE CHAUD : c'est la terre chauffée à blanc par le soleil et qui, le soir, exhale ces senteurs particulières qui rappellent un peu la pierre à fusil, sans le côté âcre, mais plutôt celui épicé.
– HUMUS : c'est un arôme noble pour les eaux-de-vie d'un certain âge. Il s'apparente aux notes de champignons et de mousse. On le retrouvera en particulier dans les eaux-de-vie vieillies dans des chais humides.
– CARAMEL : c'est un défaut s'il est excessif; cette « touche », selon que le bois de la futaille est plus ou moins brûlé, ressemble à du caramel blond, brun ou noir. Peut-être aussi dû un excès de dosage de caramel au moment des « petites eaux ».
– TERRE : c'est la typicité d'un domaine; agréable si elle est humide, rappelant la pluie d'orage après une journée très chaude.
– CIRE D'ABEILLES : elle ressemble un peu au meuble en bois avec un côté ciré; arôme d'élevage pour des eaux-de-vie moyennement jeunes, d'environ 20 ans.
– IODE : elle peut s'apparenter au côté salin de la mer, l'iode donne à l'eau-de-vie une certaine puissance.

La région de Condom

Sites à visiter

Musée de l'armagnac à Condom
Cathédrale gothique de Condom
Cloître de Condom
Festival des Bandas à Condom (début mai)
Abbaye cistercienne de Flaran à Valence-sur-Baïse
Château de Busca-Maniban à Mansencôme
Château de Larressingle à Larressingle
Villa gallo-romaine de Séviac (mosaïques)
Château de la Cour d'Henri IV à Nérac

Listes des maisons d'armagnac

Domaine d'Aula
Château de Cassaigne
Maison Castarède
Domaine de Cazeaux
Armagnac Janneau
Armagnac Larressingle
Château de Mons
Château de Pomès-Pébérère
Maison Ryst-Dupeyron

Houeillès
D.8
A. 62 - E. 72
Lavardac
D.930
D.655
D.665
D.408
NÉRAC
D.656
D. 656
D.930
D. 109
Mézin
Francescas
D.112
D. 149
D. 656
Sos
Lannes
Cazaux
D.117
D. 930
D. 29
Fourcès
D. 931
D. 114
D. 31
Montréal
D. 15
D. 15
D.110
CONDOM
AGEN
D. 7
Séviac
Villa
Gallo-romaine
Séviac
Larressingle
Caussens
Mons
D. 29
D. 931
D. 208
D.930
D. 142
D. 208
Cassaigne
Mouchant
Cazeneuve
Valence-sur-Baïse
Eauze
D. 931
D. 35
Abbaye
de Flaran
D. 930
D.654
Busca-
Maniban

Domaine d'Aula

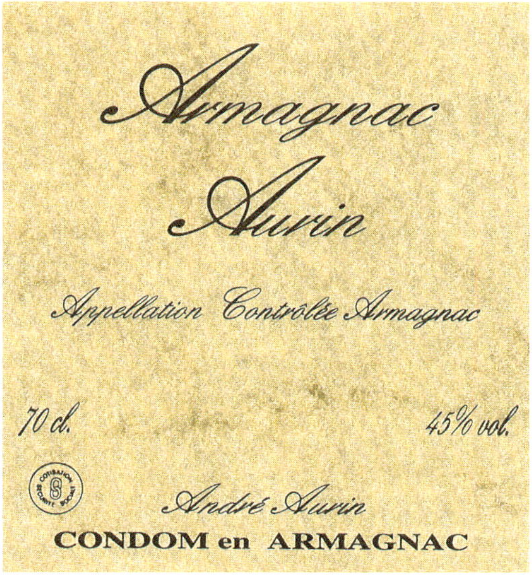

C'est pour fuir l'Espagne et mettre à l'abri les siens que Victor Aurin (nom d'une petite rivière qui traverse la Navarre dont il est originaire) s'installe à Condom et crée un vignoble de quelques hectares pour produire du vin. Son fils, Pierre, prend la suite quelques années plus tard et agrandit le domaine jusqu'à 14 hectares, mais surtout, c'est lui qui, en 1940, effectue la première distillation. André Aurin, le fils de Pierre, est industriel et ne pensait pas reprendre le domaine mais il se découvre une passion pour les vins et l'armagnac. Ainsi, en 1966 il prend la tête de la société et lui donne l'expansion

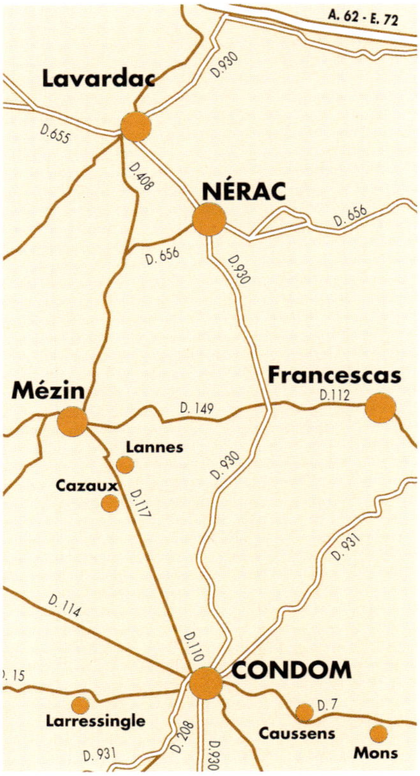

nécessaire pour en faire de nos jours un domaine de 70 hectares, dont 30 en Ténarèze. Patrick Aurin fait partie de ces hommes simples et bons vivants; il dirige maintenant la destinée de cette entreprise familiale et veille sur le patrimoine d'armagnac du domaine. Sans détour, et avec la franchise de ces hommes de la terre, il m'avoue que la distillation est une chose très sérieuse, et que seul un alambic bien maîtrisé peut faire de belles eaux-de-vie, mais que ses armagnacs faits avec ses propres vins ne sont pas distillés chez lui, mais à façon par la Maison Gimet. Puis, tels des enfants sages, les eaux-de-vie reviennent à la maison, pour atteindre la maturité qui fera d'elles ces belles ténarèzes que Patrick Aurin est fier de présenter aux amateurs de passage.

Domaine d'Aula
Patrick Aurin
32100 Condom
Tél. 05 62 28 12 98 – Fax. 05 62 28 43 87
Dans Condom, prendre direction Nérac (D930), passer devant l'école «Notre-Dame-de-Pietat». À la sortie de la ville prendre la 2e route à gauche après le passage à niveau.

DÉGUSTATIONS

Domaine d'Aula 1974 – 45°
A.O.C. Armagnac-Ténarèze
(toujours sous bois)

Eau-de-vie ambré clair, aux reflets verts, brillante et limpide.
Le nez est fin, avec des notes beurrées, un léger rancio fait son apparition, agrémenté par une touche de pâte d'amandes.
En bouche l'eau-de-vie a de la personnalité; l'alcool est présent mais sans agressivité; on a des arômes de zan et des notes de poivre noir; la finale est boisée avec des tanins encore présents qui restent longtemps sur le palais.
À accorder sur un macaron à la réglisse et fruits rouges au sirop.

Domaine d'Aula 1965 – 45°
A.O.C. Armagnac-Ténarèze
(toujours sous bois)

Eau-de-vie ambré profond, aux reflets verts, brillante et limpide. Le nez est élégant avec des arômes de fruits blancs compotés, de fleurs blanches très odorantes (pommier), de bois brûlé (élevage).
La bouche ne s'exprime pas d'emblée, mais la rétro-olfaction est une explosion des arômes du nez avec en plus de la réglisse; la finale est très longue, sur des épices et du bois grillé dû aux tanins très présents.
À accorder sur une tarte Tatin aux poires avec glace à la cannelle, accompagnée d'un café de Colombie et d'un cigare.

Domaine d'Aula 1962 – 45°
A.O.C. Armagnac-Ténarèze
(toujours sous bois)

Eau-de-vie ambré profond, aux reflets verts, brillante et limpide.
Le nez est tout en finesse, sur des registres de rancio et de beurré; puis une note esthérée (parfois typique de certains 1962) qui s'estompe à l'aération.
En bouche l'armagnac est souple et onctueux; riche en arômes, avec des notes de pain d'épice, de réglisse et de zan; très grande longueur en bouche qui finit sur une sensation boisée avec des notes d'oranges confites.
À accorder sur un dessert au chocolat Jivara avec griottes confites et glace à la réglisse ou accompagnée d'un cigare.

Château de Cassaigne

L'abbé Montassin de Goalard construisit le château en 1247. Cette forteresse devint la maison de campagne des évêques de Condom au XVIe siècle. Entre le XVIIe et le XVIIIe siècle, un vignoble important fut planté, et déjà à cette époque, on y distillait dans une brûlerie aménagée à cet effet. Le dernier évêque d'Anteroche, propriétaire du château, fuira vers l'Angleterre au moment de la Révolution, vers 1793. Le domaine sera alors administré par Bertrand Duviard, bourgeois de Cassaigne et chirurgien de son état. Il aura trois fils, dont Joseph, pour lequel il achète le château. Joseph Duviard met à profit ses connaissances en agriculture et agrandit sa fortune. Les désastres politiques (chute du second Empire) et agricoles (phylloxéra) vont affaiblir le domaine, sans toutefois lui faire mettre genou à terre. À la fin du XIXe siècle, faute d'héritiers mâles, le nom de Duviard a disparu pour être remplacé par Laborde, puis Faget, nom du propriétaire actuel. De retour de la « Grande Guerre » en 1918, Maurice Faget, complètement démuni et sans fortune, replante de la vigne et redonne vie au château. Il distille et fait vieillir les armagnacs que l'on peut déguster maintenant tout en visitant ce magnifique château, cher à Blaise de Montluc. Henri Faget, le fils de Maurice, a soixante-seize ans et vit toujours au domaine, mais il a confié l'exploitation

de la maison d'armagnacs à Thierry Roques depuis 1996. Ce dernier fait exploiter 30 hectares de vignes dans l'appellation Armagnac-Ténarèze, plantés en ugni blanc, colombard et folle blanche. Il veille sur plus de 1000 hectolitres d'alcool pur et respecte ce magnifique château qui, au travers du temps, restitue son passé aux eaux-de-vie fines et élégantes.

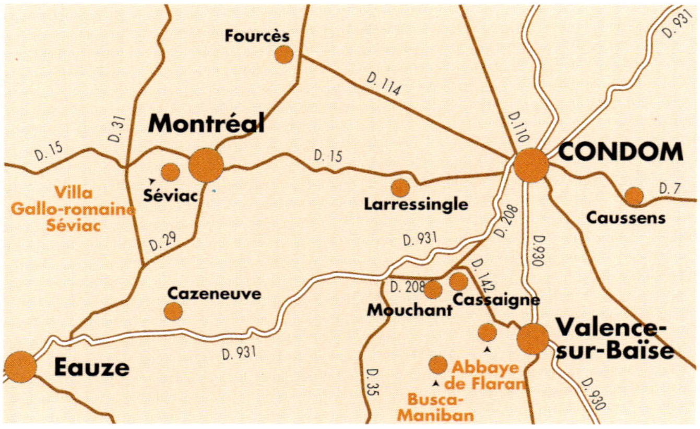

Château de Cassaigne
Thierry Roques
32100 Condom
Tél. 05 62 28 04 02 – Fax. 05 62 28 41 43
http : //www. chateaudecassaigne. com
Sur la D931, en venant d'Eauze vers Condom, prendre la D142 à droite, 3 km après le village de Mouchan (panneau ancienne résidence des évêques de Condom). Faire environ 1 km, entrer dans le village de Cassaigne et le traverser. À la sortie du village, sur la D208, prendre à gauche et suivre les indications (parking à 100 m à gauche).

DÉGUSTATIONS

Château de Cassaigne – 40 ans – 40°
A.O.C. Armagnac

Eau-de-vie ambré clair de belle intensité, aux reflets verts, brillante et limpide.
Le nez est puissant, riche en arômes vanillés, avec une légère note de pruneaux; puis après aération, les épices viennent donner de l'élégance à l'eau-de-vie.
L'attaque en bouche est franche et équilibrée entre l'acidité et le moelleux; la sensation alcooleuse est riche et apporte de la structure à l'armagnac; la note boisée n'est pas dominante et donne de la finesse et de la rondeur; la finale est sur des arômes de grillé et de fumé (cendres froides) et s'estompe doucement sur le palais. Eau-de-vie parfaite pour ceux qui n'aiment pas les armagnacs trop boisés, mais fins et élégants.
À accorder en fin de déjeuner sur des macarons glacés et crème anglaise.

Château de Cassaigne 1970 – 40°
A.O.C. Armagnac

Eau-de-vie ambré, aux reflets verts et chatoyants, brillante et limpide.
Le nez a beaucoup de suavité et de richesse; les notes sont tout de suite vanillées, avec du pruneau cuit très soutenu.
L'attaque en bouche est franche; la sensation alcooleuse riche au départ s'assagit rapidement pour laisser place à de la rondeur; les tanins sont peu marqués et fins; la finale apporte des épices et de la vanille, avec cependant une petite note légèrement boisée en fin de bouche. Belle eau-de-vie complexe et subtile.
Parfaite en digestif, ou à accorder sur un dessert à base de nougatine et de chocolat.

Château de Cassaigne 1955 – 40°
A.O.C. Armagnac

Eau-de-vie ambré roux, aux reflets verts, brillante et limpide.
Le nez, légèrement esthéré au début, passe rapidement sur des notes de rancio.
L'attaque en bouche est franche, avec un équilibre plutôt sur le moelleux; la sensation alcooleuse est bien fondue, sans aspérité; les tanins, riches au début mais fins, se fondent bien dans l'ensemble de l'eau-de-vie; la finale est tout de suite sur le rancio, les épices et persiste bien sur le palais.
À accorder sur un dessert praliné au café.

Maison Castarède

Cette famille a un long passé dans le négoce de l'armagnac, comme bien des négociants que nous connaissons. Elle a commencé à Pont-de-Bordes (près de Lavardac). Le baron Haussmann, sous-préfet de Nérac, ami de la famille, les incite à s'inscrire au registre du commerce en 1832. C'est alors la première entreprise de négoce déclarée dans l'armagnac. Le résultat escompté par Haussmann fut atteint, puisque, par la suite, d'autres négociants s'y sont inscrits. Avant cette inscription, cette maison portait le nom de Jules Nismes Delclou et Cie. Cellérier, un parent, en avait la charge. Après son décès, Jean Castarède lui donne son nom. Il jouit d'un emplacement privilégié sur les bords de la Baïse rendue navigable pour le commerce de l'armagnac vers Bordeaux *via* la Garonne. Ses chais, étagés sur plusieurs niveaux, sont un endroit idéal pour le vieillissement ; en effet, l'humidité de la rivière favorise l'évaporation de l'alcool, ce qui rend les eaux-de-vie plus souples. Jean Castarède a confié à sa fille, Florence, la direction de ce négoce mais aussi de leur domaine à Mauléon d'Armagnac (voir Château de Maniban) aidée dans sa tâche par Jean Bottéon, maître de chai. Cette jeune

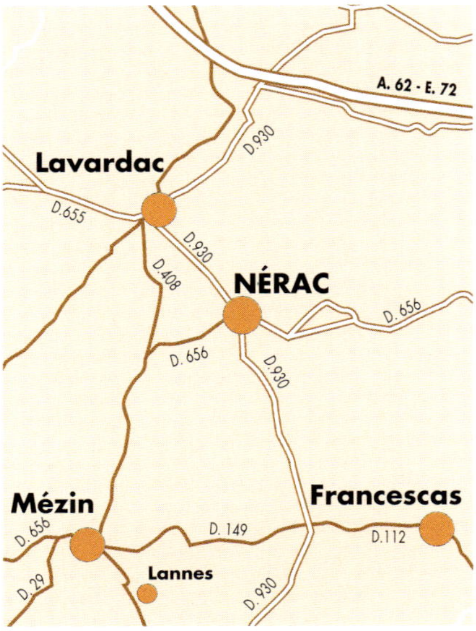

femme dynamique a le cœur gascon et voyage vers les endroits les plus célèbres du globe afin de promouvoir ses eaux-de-vie et « sa » Gascogne. Elle a l'avantage rare de pouvoir proposer des eaux-de-vie allant de 1893 à nos jours.

Maison Castarède
Pont-de-Bordes – 47230 Lavardac
Tél. 05 53 65 50 06 – Fax. 05 62 09 64 21
http ://place du vin.com/Armagnac-Castarede
Au nord de Condom prendre la D930 direction Lavardac. Au rond-point avant l'entrée de Lavardac, avant le pont de pierre, à droite se trouvent les chais.
Depuis l'autoroute A62, sortir à l'Aiguillon ; prendre Lavardac par la N113 jusque Port-Ste-Marie. Traverser Lavardac par la D930 direction Condom, traverser le pont sur la Baïse, les chais se trouvent au premier rond-point.

DÉGUSTATIONS

Castarède 1977 – 40°
A.O.C. Bas-Armagnac
(mise en bouteille 1997)

Eau-de-vie ambré profond, aux reflets verts, brillante et limpide.
Le nez, légèrement esthéré, révèle après aération, des notes riches de rancio, de pruneaux et de zan.
L'attaque en bouche est franche avec beaucoup de puissance ; la sensation alcooleuse se marie bien avec l'ensemble et les tanins ronds et bien marqués sont de belle qualité ; la finale est sur le café grillé, la torréfaction, avec des épices dues à son élevage ; d'une belle persistance en bouche, elle laisse une sensation de rondeur et de moelleux, marquée par sa richesse boisée.
À accorder sur une mousse au chocolat noir et à l'orange, ou une infusion de verveine.

Castarède 1970 – 40°
A.O.C. Bas-Armagnac
(mise en bouteille 1997)

Eau-de-vie ambré profond, aux reflets verts, brillante et limpide.
Le nez est déjà marqué par des arômes de pruneaux confits et de rancio, dus à son âge.
L'attaque en bouche est franche et équilibrée ; les tanins sont à la fois riches et puissants et donnent de la rondeur à l'eau-de-vie ; on ressent les notes de pruneaux, de rancio et d'épices suaves (muscade, gingembre confit) ; la finale est très persistante avec beaucoup de complexité.
À accorder au dîner sur une glace à la fleur de thym et au chocolat.

Castarède 1934 – 40°
A.O.C. Bas-Armagnac
(toujours sous bois)

Eau-de-vie marron foncé, aux reflets verts, brillante.
Le nez est incroyablement riche et élégant, sur les épices, les pruneaux compotés, l'écorce d'oranges confites et la cannelle.
En bouche l'attaque est franche ; l'eau-de-vie est équilibrée ; les tanins sont souples et fondus ; les arômes très épicés de pruneaux et de réglisse ressortent de façon phénoménale, puis, après aération, ce sont le rancio et le côté beurré qui tapissent le palais ; la finale est infiniment longue, très riche et toute en suavité.
Un très grand moment à passer à déguster cette eau-de-vie moelleuse et onctueuse.
À accorder sur un beau cigare double Coronas, ou tout simplement à boire pour elle-même en prenant son temps pour l'apprécier.

Castarède 1900 – 40°
A.O.C. Armagnac
(sous verre)

Eau-de-vie ambré très profond, aux reflets verts, brillante.
Le nez est très riche, avec des arômes de rancio, de pruneaux et d'épices très intenses.
En bouche l'attaque est franche et garde une belle vivacité la rendant salivante ; les tanins sont assez marqués mais sans agressivité et plutôt avec une certaine rondeur ; ils sont soutenus par une note de réglisse et de zan ; la rétro-olfaction fait ressortir des arômes de pruneaux, de rancio, avec encore une touche de vanille ; belle eau-de-vie d'armagnac que l'on peut dire « rassise » et assagie, longue en bouche et qui tapisse le palais.
Prendre son temps pour le déguster, avec un cigare très doux, de gros module.

Domaine de Cazeaux

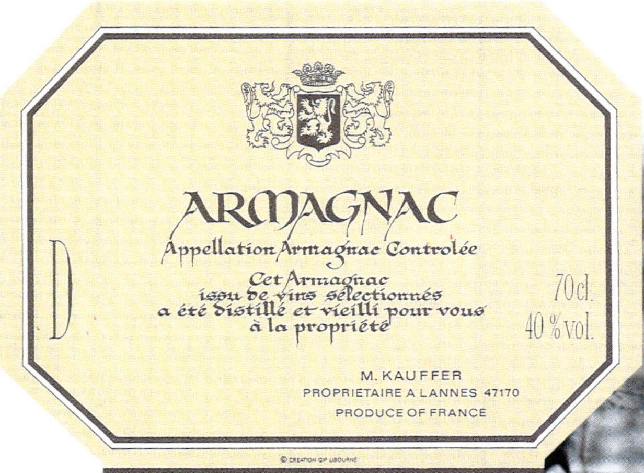

DOMAINE DE CAZEAUX

Lannes est un village qui se situe à la limite du Lot-et-Garonne et du Gers, non loin de la ville de Mézin, rendue célèbre au début du siècle par le président Armand Fallières.

Michel Kauffer y exploite un domaine viticole de 150 hectares, dont 12 de vignes dans la région d'appellation de la Ténarèze. Le Domaine de Cazeaux est une propriété familiale. « Cazeaux », en patois gascon, désigne « un jardin ». Après des études agricoles à Sainte-Livrade entre 1951 et 1953, il reprend de façon définitive l'exploitation du domaine en réunissant les différents fermages entre 1964 et 1965. Ce ne sera qu'à partir de 1967 que Michel Kauffer distillera

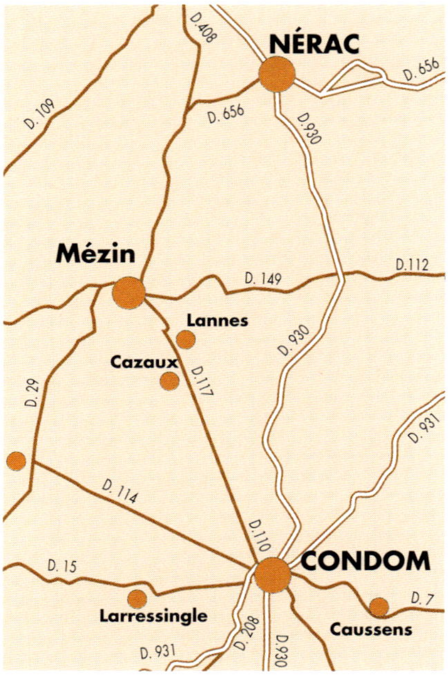

systématiquement afin de se constituer une réserve sans pour cela vendre les eaux-de-vie. C'est un bouilleur de cru qui vient au domaine à cette époque. Mais trop âgé pour continuer son travail d'orfèvre, Michel Kauffer doit acheter un alambic. Il en choisit un centenaire provenant de la célèbre manufacture Sier.

Domaine de Cazeaux
Michel Kauffer
47170 Lannes
Tél. 05 53 65 73 03 – Fax. 05 53 65 88 95
À Condom prendre direction Mézin sur la D110, puis la D117. Faire 8 km, la route menant au domaine est sur votre gauche.

DÉGUSTATIONS

Domaine de Cazeaux – 40° – « Hors d'âge »
A.O.C. Armagnac

Eau-de-vie ambré clair, aux reflets verts intenses, brillante et limpide.
Le nez est très aromatique et complexe ; il fait apparaître des arômes boisés et de torréfaction (grillé) ; puis après aération, des notes d'épices, de pruneaux et de léger rancio font leur apparition.
L'attaque en bouche est franche avec une belle rondeur et du moelleux dans son équilibre tout en gardant une belle vivacité ; la sensation alcooleuse est plutôt chaleureuse mais sans agressivité ; nous avons peu de tanins dans l'eau-de-vie ; les notes perçues au nez se retrouvent à la rétro-olfaction, avec le côté boisé, vanillé, grillé, pruneaux et épices ; on trouve aussi de la réglisse pour finir sur un rancio de belle finesse ; belle longueur en bouche.
À accorder sur des plats épicés et poivrés, comme une tartelette aux cèpes avec sauce au foie gras.

Domaine de Cazeaux 1972 – 44°
A.O.C. Armagnac (toujours sous bois)

Eau-de-vie ambré clair, aux reflets vieil or, brillante et limpide.
Le nez est élégant et sage, avec des arômes d'eau-de-vie rassise, et passe rapidement sur du rancio très riche et des fruits cuits, comme de la compote de pomme à la cannelle.
L'attaque en bouche est franche et ronde ; la sensation alcooleuse est assez présente mais disparaît vite ; les tanins sont peu présents dans l'eau-de-vie. À la rétro-olfaction on trouve rapidement les arômes de rancio et pruneaux très prononcés, pour finir sur un côté de bois grillé et de pommes séchées.
À accorder en digestif sur une infusion de verveine-menthe, ou sur une tarte aux pommes avec glace à la cannelle.

Armagnac Janneau

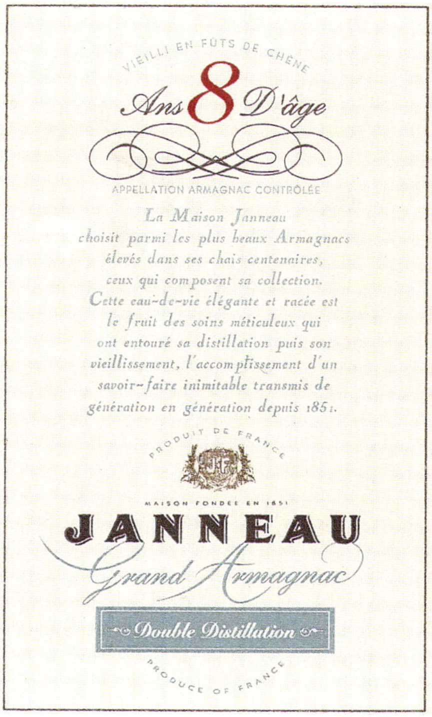

Pour différentes raisons, M. Janneau s'installe en 1851 à Condom. L'année 1974 sera celle des grands bouleversements dans la maison. En effet, ses successeurs cèdent 35 % de la société à Martell Cognac, pour ainsi obtenir un circuit de distribution pour ses eaux-de-vie. Mais, en 1988, Seagram absorbe Martell dans son groupe, et c'est pour Pierre Janneau la chute de ses ventes et l'arrêt de son développement. Armando Giovinetti va reprendre et redynamiser cette maison d'Armagnac, pilier de la région de Condom. Cet Italien originaire de la région de Milan est aussi à l'origine du développement des whiskies de grandes marques. Tout en sachant que la relance de cette maison prendra beaucoup de temps, Armando Giovinetti met déjà en place sa succession par le biais de son fils, Fabio, qui se forge au métier en occupant la vice-présidence. François Héron est maître de chai depuis 1990. Entré comme distillateur en 1974, il est le plus « ancien » et connaît cette maison sur le bout des doigts. Il veille sur des centaines de pièces entreposées dans les chais ultramodernes où l'on applique la technique de Jérez qui consiste à superposer les pièces. De par son association avec Martell, la maison a hérité d'alambics à double chauffe qui côtoient ceux, plus traditionnels, de type armagnacais. Cet avantage permet, suivant le type

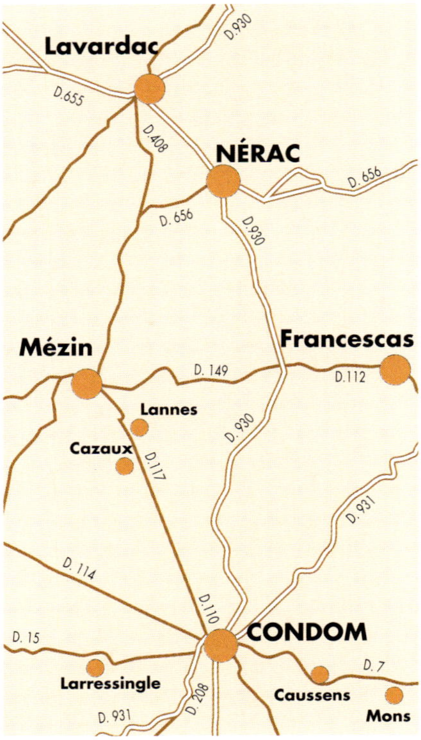

d'eau-de-vie que l'on souhaite obtenir, de doser chaque armagnac pour donner à chaque cuvée sa propre personnalité. La Maison Janneau ne possède pas de vigne et se fournit en vin chez les propriétaires, 50 % dans le bas-armagnac et 50 % dans la ténarèze. Elle distille très tôt afin de conserver les arômes les plus fins à l'eau-de-vie. Les armagnacs Janneau représentent 10 % des stocks de la région. Afin d'en améliorer le plus possible la qualité, la Maison Janneau entrepose à l'extérieur ses propres douelles, soumises aux intempéries qui favorisent l'élimination des « toxines », pour ensuite recevoir les eaux-de-vie pour le vieillissement.

Armagnac Janneau
50, avenue de la Gare – 32 100 Condom
Tél. 05 62 28 24 77 – Fax. 05 62 28 48 00
Dans Condom, prendre la direction de Nérac (D930), avant l'école «Notre-Dame-de-Pietat», prendre à gauche puis suivre indications.

DÉGUSTATIONS

Janneau 8 ans – 40 °
A.O.C. Armagnac

Eau-de-vie topaze clair, aux reflets vieux cuivre vert, brillante et limpide.
Le nez est très légèrement boisé avec des notes de bois exotique et vanillées.
En bouche, l'attaque est franche avec la présence d'une belle acidité; les tanins sont fins et sans trop de richesse ni de dominance; la finale est sur des arômes de tabac blond, de réglisse légère et de fruits blancs compotés, d'où l'importance d'une distillation à double chauffe pour ces eaux-de-vie à boire jeunes; belle eau-de-vie d'armagnac, non agressive et d'une belle longueur.
À accorder au déjeuner avec un pastis ou une croustade aux pommes, ou en apéritif avec des glaçons (peut honorablement remplacer un whisky).

Vieil Armagnac Janneau « Hors d'âge » – 40 ° – A.O.C. Armagnac

Eau-de-vie ambré profond, aux reflets verts, brillante et limpide.
Le nez a déjà les arômes de rancio d'une vieille eau-de-vie, tout en gardant un côté vanille et grillé.
En bouche, l'attaque est franche avec beaucoup de gras, les tanins présents apportent une note boisée et épicée; la finale est très réglissée avec un beau caractère de rancio en finesse; belle longueur et richesse pour cette eau-de-vie de caractère.
À accorder sur un marbré chocolat-vanille et crème anglaise à l'armagnac.

Janneau 1958 – 43 °
A.O.C. Armagnac (bouteille n° 00764 mise en bouteille 02/89)

Eau-de-vie ambré profond, aux reflets verts, brillante et limpide.
Le nez est riche en alcool, avec une forte tendance rancio et des notes de bois brûlé et grillé.
L'attaque en bouche est franche et équilibrée; les tanins sont fins mais toujours présents; le côté réglisse et zan est bien agréable; en fin de bouche, le pruneau persiste sur le palais.
À accorder sur une infusion au tilleul après dîner.

Armagnac Larressingle

Hippolyte Papelorey fonde la Maison Papelorey en 1837. Son fils Gabriel deviendra propriétaire de ce magnifique château fortifié du XIIIe siècle de la région de Condom : le château de Larressingle. Il est le créateur des « crosses » (bâton pastoral de l'évêque ou de l'abbé, à bout recourbé), qui différencient les qualités d'armagnac :
* 1 crosse pour un armagnac de 6 à 7 ans ;
* 2 crosses pour un armagnac de 15 à 20 ans ;
* 3 crosses pour un armagnac de 25 à 35 ans.
Les armagnacs Larressingle se distinguent par le fait que les eaux-de-vie ne sont pas millésimées. Seul l'armagnac élégant et fin, sans trop de notes boisées, est recherché.

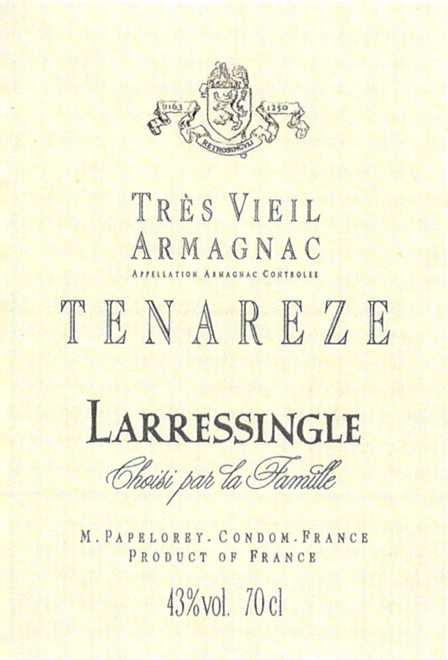

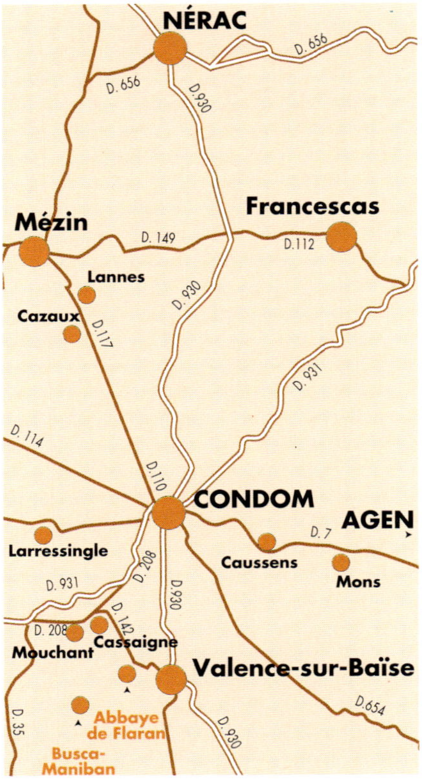

Toute la personnalité des eaux-de-vie de la famille Larressingle est dans la Ténarèze.
Arnaud Papelorey me reçoit dans sa maison située dans un ancien monastère des Carmes au centre de Condom. Il m'explique à merveille comment, depuis cinq générations, la même recherche de sélection et d'assemblage des armagnacs venant de toute la région, a fait de cette maison de négoce, encore familiale, un modèle de référence.
C'est un fait que l'esprit de famille domine ; Maurice Papelorey a su transmettre le sens de l'accueil à son fils.

Maison Papelorey
Rue des Carmes – 32 100 Condom
Tél. 05 62 28 15 33 – Fax. 05 62 28 36 99
En arrivant d'Eauze par la D931, à Condom prendre direction centre ville, près du pont sur la Baïse, suivre les indications.

DÉGUSTATIONS

Larressingle VSOP – 40 ° A.O.C. Armagnac

Eau-de-vie légèrement ambrée, aux reflets verts, brillante et limpide.
Le nez reste simple avec un léger rancio et de fruits blancs compotés comme la pomme ou la poire.
En bouche l'eau-de-vie est franche avec une sensation alcooleuse chaleureuse, mais sans agressivité, qui disparaît rapidement.
La rétro-olfaction est très légèrement boisée avec des notes vanillées et de bois chaud.
La finale est ronde et moelleuse, fraîche et longue en bouche.
Cette eau-de-vie peut être consommée au déjeuner sur des fruits frais.

Larressingle – Très Vieil Armagnac X.O. – 40 ° – A.O.C. Armagnac

Eau-de-vie brune assez profonde, aux reflets vieil or, brillante et limpide.
Le nez est puissant, plein et riche, avec des notes de rancio très prononcées, de pruneaux et une pointe d'épices douces (cannelle). En bouche, la sensation alcooleuse n'est pas agressive.
L'eau-de-vie a des notes florales, de fruits blancs cuits et elle finit sur une sensation de violette qui lui apporte de la fraîcheur.
La note de rancio et de boisé léger donne toute sa noblesse à l'armagnac. La finale est ronde et longue, parfaite sur une fin de repas, avec en dessert une glace au thym et ganache.

Larressingle – Ténarèze Très Vieil Armagnac – 43 ° – A.O.C. Armagnac

Eau-de-vie brune, ambrée profond, aux reflets vieil or.
Le nez est peu intense et simple aux arômes de fleurs blanches.
L'attaque en bouche est agréable et franche ; une légère note boisée et épicée (clou de girofle) donne de la complexité à l'eau-de-vie ; on finit sur une note rancio et de réglisse.
Une eau-de-vie toute en finesse avec de la race, comme sait en sélectionner la Maison Larressingle.
À consommer en digestif, sur un pastis ou une tourtière (pâtisserie feuilletée régionale à l'armagnac et aux pruneaux).

Château de Mons

Situé à la limite est de l'appellation armagnac, le château de Mons, magnifique bâtisse surplombant la vallée gersoise, est à mi-chemin entre Condom et Lectoure, petite bastide à l'est du département. Le château de Mons fut bâti en 1285 par Edouard 1er, roi d'Angleterre, sur les vestiges d'une ville gallo-romaine. Ensuite, il appartiendra longtemps à la famille de Bouzet rendue célèbre par l'abbé Charles Maurice de Bouzet, fondateur de la faïencerie de Samadet en Chalosse. En 1877, le duc de Montebello l'achète juste avant de décéder. Plusieurs propriétaires se succèdent jusqu'en 1963, date à laquelle la chambre d'agriculture du Gers en fait l'acquisition. Il est magnifiquement

entretenu, et sa visite est un véritable enchantement. On se laisse gagner par la quiétude des lieux et on se prend à rêver à des temps anciens. M. Pourquet, responsable du secteur vinicole, m'explique la vocation du château, devenu un centre de recherche pour l'I.N.R.A. (Institut National de Recherches Agronomiques). Outre les nouveaux cépages qui servent à l'élaboration des vins pour l'armagnac, on teste ici les anciens plants qui servaient autrefois à confectionner les eaux-de-vie; on trouve donc le meslier-St.-François, le jurançon blanc, la clairette de Gascogne et le plant de Graisse. On analyse également l'influence des bois de futaille sur les eaux-de-vie, ainsi que les différentes distillations. Toutes ces recherches font l'objet de divers colloques et conférences régulièrement organisés au Château. Il possède en effet quelques chambres qui permettent de recevoir les chercheurs. Avec ses 30 hectares, la propriété est un vrai centre, grandeur nature, qui aident les élèves des différents collèges agricoles de la région à mettre en application leurs travaux.

Château de Mons
Caussens en Armagnac – 32 100 Condom
Tél. 05 62 68 30 30 – Fax . 05 62 68 30 35
À Condom prendre direction Agen. Puis prendre direction Lectoure par la D7. En arrivant à Caussens, traverser le village, faire 2 km après la sortie, une grande allée d'arbres marque l'entrée du château sur la droite.

DÉGUSTATIONS

Château de Mons « 12 ans » – 40°
A.O.C. Armagnac

Eau-de-vie ambré roux, aux reflets verts, brillante et limpide.
Le nez est déjà très porté sur des notes de pruneaux légèrement compotés, et un rancio apparaît en finale.
L'attaque en bouche est franche, avec une belle acidité dans l'ensemble; la sensation alcooleuse est riche mais supporte bien la richesse aromatique; on ressent des arômes de fruits rouges comme la framboise, les airelles, les cerises et le kirsch; viennent ensuite les notes de prunelles confites; c'est une eau-de-vie très fruitée, avec une finale souple.
À accorder sur une salade de fruits ou un vacherin glacé aux fruits de la passion avec compote de fruits rouges tiède.

Château de Mons 1979 – 40°
A.O.C. Armagnac
(mise en bouteille 1997)

Eau-de-vie ambré topaze de belle profondeur, aux reflets verts, brillante et limpide.
Le nez est déjà sur des arômes de rancio et vanille, puis apparaissent des notes de compote de pommes à la cannelle, ainsi que des zestes d'oranges confites.
En bouche l'attaque est franche avec un bel équilibre acidité/moelleux; à la rétro-olfaction on trouve des arômes d'épices, de bois exotiques pour finir sur une sensation de bois chaud et grillé; eau-de-vie très intense et complexe.
Parfaite pour une fin de déjeuner, avec un infusion de thym ou un dessert à la nougatine et orange.

Château de Mons 1973 – 40°
A.O.C. Armagnac
(mise en bouteille 1997)

Eau-de-vie ambré roux, aux reflets légèrement verts, brillante et limpide.
Le nez n'est pas ouvert et reste sur des notes de grillé et de vanille.
L'attaque en bouche est franche et équilibrée; c'est une eau-de-vie souple et ronde qui décline la palette aromatique simple allant des notes de tilleul, au bois et au grillé; la sensation tannique est intense et donne une note de réglisse en finale.
À accorder au déjeuner sur un dessert à base de noisettes ou de noix (tarte périgourdine).

Château de Pomès Pébérère

Authentique propriété gasconne du XVe siècle, le château de Pomès Pébérère a appartenu au gouverneur de Condom, de Peyrecave de Pomès. Louis Faget reçoit ce domaine en héritage en 1936, il exploite 40 hectares de vignes produisant déjà des eaux-de-vie d'armagnac. Tout naturellement, son fils, François, prend sa suite en 1979 et perpétue la culture de la vigne et la distillation de l'armagnac. Il a tout particulièrement à coeur de défendre sa profession et les produits gascons. Il continue de veiller sur le patrimoine familial qui possède des eaux-de-vie allant de 1935 à nos jours. En

1980, il fait l'acquisition d'un alambic armagnacais afin de distiller sur place. François Faget est un homme de terrain et un paysan dans l'âme; il parle avec chaleur de sa région et de tous ses espoirs en ce qui la concerne. Il fait déguster ses armagnacs en toute simplicité; il en parle avec cœur et il est fier de pouvoir signer l'appellation Armagnac-Ténarèze.

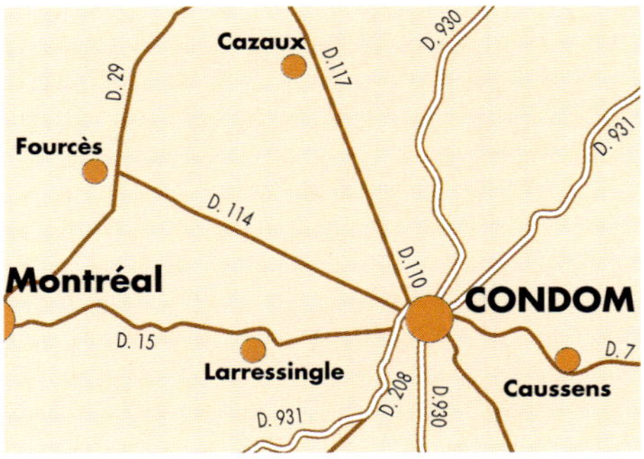

Château de Pomès Pébérère
M.François Faget
32100 Condom
Tél. 05 62 28 11 53 – Fax. 05 62 28 46 11.
À Condom prendre direction Fourcès par la D114; faire 4,7 km après la sortie de Condom, l'entrée du château est à droite.

DÉGUSTATIONS

Château de Pomès Pébérère – 10 ans – 42°
A.O.C. Armagnac-Ténarèze

Eau-de-vie ambré déjà foncé, aux reflets verts, brillante et limpide.
Le nez, avec un léger rancio agrémenté de notes de vanille, a, sans excès, beaucoup de finesse.
L'attaque en bouche est franche, avec une belle vivacité dans son équilibre acidité/moelleux; la sensation alcooleuse est bien présente, mais la note chaleureuse en bouche se calme vite; les tanins sont riches et secs. La rétro-olfaction fait apparaître une très légère sensation de rancio tout en équilibre et en finesse, avec une pointe de pruneau; belle eau-de-vie fine et aérienne, sans excès.
À déguster en fin de déjeuner, avec un pastis ou une croustade aux pommes et aux pruneaux.

Château de Pomès Pébérère 1950 – 42°
A.O.C. Armagnac-Ténarèze (mise en bouteille 1997)

Eau-de-vie ambré profond, aux reflets verts, brillante et limpide.
Le nez est très intéressant; il commence par de la pêche de vigne cuite, des fruits blancs compotés, puis évolue sur un très léger rancio.
L'attaque est franche avec une belle vivacité; les tanins sont d'une grande élégance et de caractère; la sensation alcooleuse est déjà ronde et sans agressivité; on retrouve les notes de pêche de vigne du nez, puis nous avons les épices, de la poire cuite, de la cannelle; en finale une petite note de réglisse revient; on termine sur une belle longueur; eau-de-vie de caractère, très masculine.
À accorder sur une tarte aux figues caramélisées, ou sur une infusion.

Château de Pomès Pébérère 1964 – 42°
A.O.C. Armagnac-Ténarèze (mise en bouteille 1997)

Eau-de-vie ambré profond, aux reflets verts, brillante et limpide.
Le nez est très aromatique et complexe; nous avons des notes de pêches jaune, d'oranges et de mandarines confites, pour finir sur des notes d'épices douces.
L'attaque en bouche est franche et équilibrée; la sensation alcooleuse bien présente structure l'eau-de-vie; les tanins sont sans excès mais pas tout à fait fondus; la rétro-olfaction est surtout sur les oranges et des mandarines confites et se termine sur une petite note rancio; la finale reste sur la sensation tannique et la réglisse.
Belle eau-de-vie de Ténarèze à accorder au déjeuner sur une mousse au chocolat et à l'orange.

Château de Pomès Pébérère 1941 – 42°
A.O.C. Armagnac-Ténarèze (mise en bouteille 1997)

Eau-de-vie ambré de belle intensité, aux reflets verts, brillante et limpide.
Le nez se caractérise par des arômes d'oranges confites, avec de la vanille, des épices et finit sur des notes très rancio.
L'attaque en bouche est franche et équilibrée; la sensation alcooleuse assez chaleureuse au départ, disparaît vite; les tanins puissants donnent des arômes de réglisse et de zan; la rétro-olfaction est sur les épices et le côté grillé du bois; une eau-de-vie superbe reflétant bien les eaux-de-vie de Ténarèze, longues en bouche et fruitées.
À accorder au déjeuner sur un Florentin au chocolat et biscuit à l'orange.

Maison Ryst-Dupeyron

La Maison Ryst-Dupeyron est installée au centre ville de Condom, dans l'ancien hôtel du XVIIIe siècle de la famille Cugnac. Joseph Dupeyron l'a créée en 1905 et a su transmettre l'amour du travail bien fait à sa famille. Jacques-François Ryst, son petit-fils, dirige la maison aujourd'hui. Les armagnacs Ryst, devenus la Maison Dupeyron en 1960, se caractérisent par un sérieux travail de sélection, base essentielle de toute maison de négoce. Ici on ne place pas l'argent dans les banques, le paysan-distillateur armagnacais entrepose d'année en année son patrimoine et vend avec parcimonie ce capital durement acquis. La Maison Dupeyron a su entretenir avec ces paysans d'excellentes relations depuis le début du siècle, et peut ainsi acquérir d'excellentes eaux-de-vie d'armagnac et signer en toute confiance ses propres bouteilles. Jacques-François Ryst veut continuer à rendre hommage à cette belle région et veut montrer aux gens de passage (et aux autres…) que depuis des siècles, l'élaboration et la longue maturation des eaux-de-vie n'ont pas changé. À cet effet, il a créé un musée, fréquenté quotidiennement par des

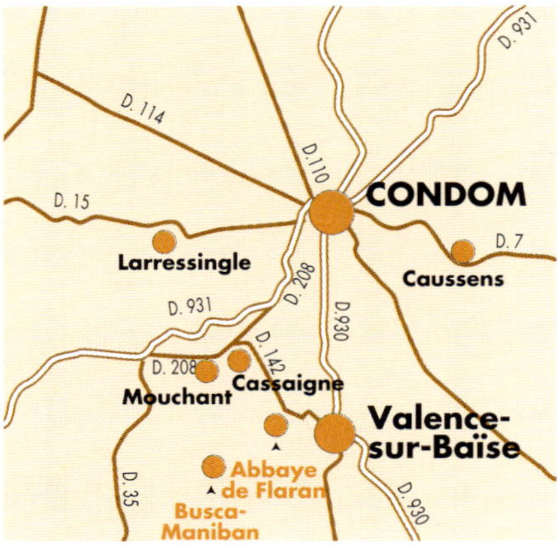

centaines de personnes. C'est la preuve que l'armagnac fait partie intégrante de notre patrimoine et s'associe incontestablement à la qualité et aux traditions de cette région.

Maison Ryst-Dupeyron
1, rue Daunou
B.P. 58 – 32100 Condom
Tél. 05 62 28 08 08 – Fax. 05 62 28 16 42
E-Mail : ryst-dupeyron@msn.com
Au centre de Condom, avenue du Général-de-Gaulle, vers le milieu des allées, prendre à gauche en descendant.

DÉGUSTATIONS

Joseph Dupeyron « Hors d'âge » 40° – A.O.C. Armagnac

Eau-de-vie ambrée, aux reflets verts, brillante et limpide.
Le nez est assez simple avec une dominante vanillée d'élevage.
L'attaque en bouche est franche, les tanins sont présents avec un goût réglissé. Une note fumée ressort et vient apporter une certaine complexité ; une belle longueur en bouche, soutenue par une sensation tannique très intéressante qui donne une petite amertume en finale rappelant ces plaquettes de zan noir à la violette.
À accorder sur un dessert à base de pruneaux cuits ou en simple digestif au déjeuner.

Joseph Dupeyron 1963 – 40° A.O.C. Armagnac (mise en bouteille 1997)

Eau-de-vie ambré peu soutenu, aux reflets verts, brillante et limpide.
Le nez est agréable, avec des arômes de pruneaux, et de vanille chaude ; une légère note de rancio très discrète apparaît en finale.
La bouche est alcooleuse au départ mais sans agressivité ; les tanins dus à l'élevage sont encore présents et donnent une sensation agréablement vanillée et épicée (cannelle), tapissant bien le palais pour une finale toute en rondeur. On note après un certain temps d'aération des arômes de réglisse et de grillé. La finale est longue en bouche avec beaucoup d'élégance.
On l'accordera sur un biscuit au chocolat au lait avec mousse glacée au café, également en digestif accompagné d'un cigare pas trop enivrant.

Joseph Dupeyron 1946 – 40° A.O.C. Armagnac (mise en bouteille 1997)

Eau-de-vie ambré profond, belle robe chatoyante, avec des reflets verts, brillante et limpide.
Le nez est élégant avec une note de fraîcheur et de jeunesse apportée par des arômes de pin et une note mentholée.
L'attaque en bouche est fondue et garde tout de même de beaux tanins d'élevage ; une sensation de bois noble exotique ressort et donne une belle richesse aromatique. L'alcool est bien équilibré dans son ensemble et apporte à l'eau-de-vie toute sa dimension ; des arômes d'épices et de poivre apparaissent après aération, puis, un long moment passé, des notes plus subtiles de fleur d'oranger et de réglisse font leur apparition. Nous avons affaire à un armagnac d'une grande complexité et d'une incroyable jeunesse. Cette magnifique eau-de-vie sera l'apothéose d'un dîner de gourmet et peut s'accompagner d'un beau cigare de grand module.

La région de Vic-Fezensac

Sites à visiter

Jazz in Marciac (semaine du 15 août)
Tempo Latino à Vic-Fezensac (fin juillet)
Château de Castelmore à Lupiac (d'Artagnan)
Site romain de la Montjoie et de Roquebrune
Festival Country Music à Mirande (mi-juillet)
Château du XVIIIe à Lavardens
Arènes de la tauromachie à Vic-Fezensac

Listes des maisons d'Armagnac

Armagnac Baron de Castelneau
Armagnac Cavé
Armagnac Delord
Maison B. Gelas & fils
Château de Néguebouc
Armagnac Marcel Trépout

Montréal
CONDOM
Lectoure
Eauze
Gondrin
Valence-sur-Baïse
Fleurance
Ayguetinte
Beaucaire
Castéra-Verduzan
Préchac
Lannepax
Lavardens
Château Castelmore
Vic-Fézensac
Jegun
Labatisse
Lupiac
Roquebrune
St-Lary
AUCH
D. 29
D. 15
D. 931
D. 35
D. 930
D.654
D. 7
N. 21
D. 112
D. 626
D. 132
D.939
D. 103
N. 124

Armagnac Baron de Castelneau

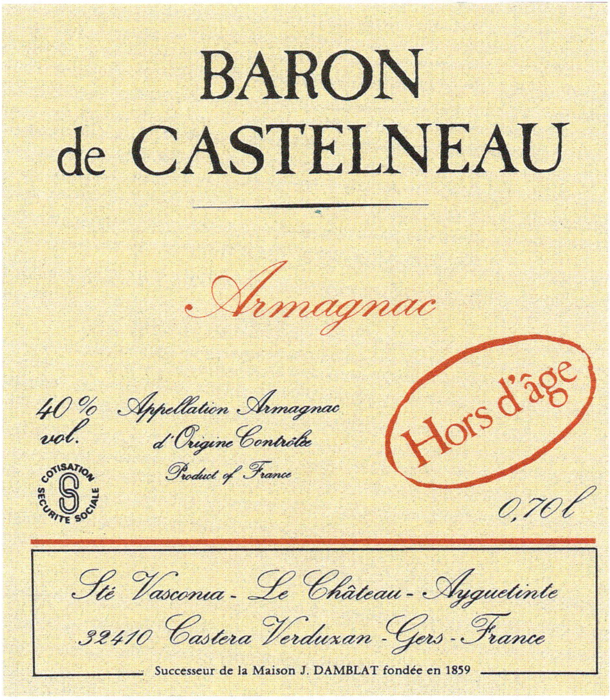

Rien ne prédestinait la famille Havion à devenir négociant-distillateur en Armagnac. Pourtant, en 1986, la Maison Jean Damblat, de Castelneau-d'Auzan, se retrouve sans succession et doit faire face à quelques ennuis. Son agent commercial export décide de relever le défi, et l'ancienne maison va pouvoir reprendre sa place sur le marché régional du négoce.

C'est maintenant une entreprise familiale et Lionel Havion, le fils, me reçoit et m'explique rapidement la nouvelle philosophie de la maison, qui, depuis 1989, achète les vins dans

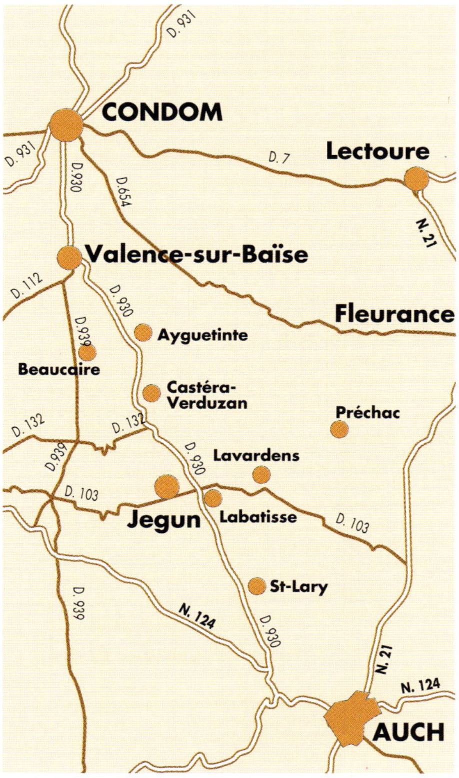

l'appellation armagnac et effectue sa propre distillation. Ces eaux-de-vie passeront ensuite deux ans dans des pièces neuves avant d'être transférées dans des fûts plus anciens.
Avec sa parfaite connaissance du marché de l'export, la famille Havion effectue de 80 à 95 % de ses ventes à l'étranger.

Armagnac Baron de Castelneau
SARL Vasconia
Le Château – 32410 Ayguetinte
Tél. 05 62 68 13 38 – Fax. 05 62 68 14 84
Depuis Condom, prendre la D930 en direction de Valence-sur-Baïse. Traverser Valence et faire 7,5 km ; le chai se trouve à la sortie du village d'Ayguetinte sur la droite, tout de suite après l'église.

DÉGUSTATIONS

Baron de Castelneau 1974 – 40°
A.O.C. Armagnac

Eau-de-vie ambré clair, aux reflets orangés, brillante et limpide.
Nez peu aromatique avec des notes d'écorces d'oranges confites et de vanille.
En bouche l'eau-de-vie est franche. Une note de boisé et d'épices domine, puis, après aération, la note d'écorces d'oranges et la douceur de la mandarine confite apparaît. La finale est agréable et souple sans trop d'exubérance. Une eau-de-vie de tous les jours, pour les déjeuners.
Bien réalisée, elle pourra s'accorder sur une crêpe soufflée à l'orange.

Baron de Castelneau 1945 – 40°
A.O.C. Armagnac

Eau-de-vie ambré profond, aux reflets marron, brillante et limpide.
Le nez est puissant ; il livre tout de suite des arômes beurrés et de rancio soutenus par des notes d'épices et de pruneaux cuits.
En bouche l'attaque est franche et l'équilibre de l'alcool est bien réalisé ; la note de rancio domine avec des notes de vieux cuir ; la sensation tannique est toujours présente mais fondue ; la finale est cacaotée et réglissée et on termine sur une belle longueur.
Nous avons une belle eau-de-vie rassise, à déguster en prenant tout son temps, avec un café ou un cigare de caractère.

Baron de Castelneau 1909 – 40°
A.O.C. Armagnac

Eau-de-vie ambré profond, tirant sur le noir, aux reflets marron, brillante.
Nez élégant ; les arômes sont en harmonie et bien fondus les uns avec les autres. On ressent des arômes d'abricots confits, de confiture de pêches jaunes, puis viennent les arômes d'élevage, de vanille et de rancio. En bouche, l'eau-de-vie a encore de la présence et l'alcool lui donne toute son énergie avec pourtant de la sagesse. La note rancio et d'amandes grillées apporte un certain panache à ce superbe armagnac qui finit sur des sensations épicées.
Très longue en bouche, à déguster à l'issue d'un dîner en prenant tout son temps pour l'apprécier confortablement installé dans un profond canapé en cuir lisse pour pouvoir pleinement savourer le grand moment de plaisir raffiné qu'il peut vous apporter.

Armagnac Cavé

La Maison Cavé fut fondée en 1883. Mais après des difficultés financières, et plutôt que de la voir disparaître, Bruno Valpato, alors responsable export de l'entreprise, décide de la reprendre en 1989, et d'en confier la direction à son jeune fils Stéphane.
Stéphane Valpato découvre l'armagnac. Bien qu'étant de la région, la sélection et

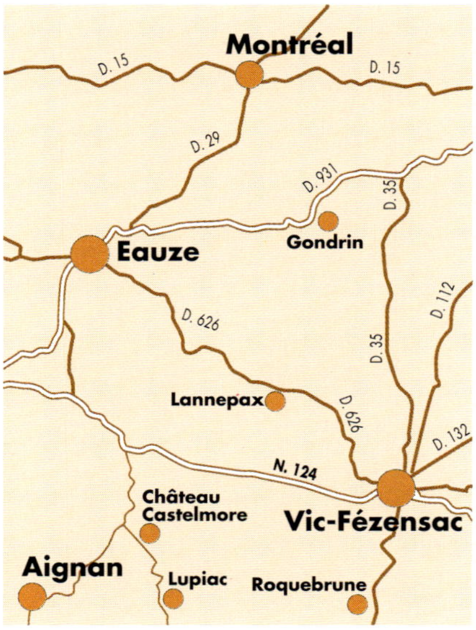

l'élaboration de l'eau-de-vie d'armagnac ne sont pas pour lui chose facile. En effet, Stéphane était dans l'hôtellerie de luxe en Suisse, et loin de penser que son avenir serait lié à cette merveilleuse eau-de-vie qu'est l'armagnac.

Mais ce nouveau challenge lui plaît et il l'assume avec beaucoup de cœur. N'ayant pas de vigne, c'est surtout un gros travail de sélection des vins pour l'armagnac, qui seront ensuite distillés avant de revenir dans les chais pour un long et nécessaire élevage.

On suivra avec intérêt la renaissance de cette maison, qui, au cours des années à venir, devrait grâce à son bon travail de sélection, nous proposer des eaux-de-vie de belle facture.

Maison Cavé
32 190 Lannepax
Tél. 05 62 06 36 01 – Fax. 05 62 06 36 29
À l'entrée du village sur la D626, prendre la direction Vic-Fézensac, prendre ensuite la première rue à gauche.

DÉGUSTATIONS

Armagnac Cavé « Hors d'âge » – 40 ° – A.O.C. Armagnac

Eau-de-vie ambré soutenu, aux reflets verts, brillante et limpide. Le nez est très nettement sur une dominante rancio, avec un support de vanille et de boisé grillé.

En bouche, l'attaque est franche. La note rancio et le boisé dominent l'ensemble et la finale est très épicée avec une note de tabac blond. L'eau-de-vie est vive avec beaucoup de personnalité. Le travail de coupe a été fait sérieusement.

À accorder sur une soupe d'oranges glacées légèrement poivrée.

Armagnac Cavé 1960 – 43 ° – A.O.C. Bas-Armagnac

Eau-de-vie ambré soutenu, aux reflets verts, brillante et limpide. Le nez est fin avec des notes de rancio assez riches.

En bouche, l'eau-de-vie est bien structurée et la sensation alcooleuse est bien réalisée.

Les arômes de rancio et de réglisse seront le bouquet principal et on termine sur une note d'onctuosité qui donne à l'eau-de-vie beaucoup d'amplitude.

Armagnac assez simple dans son ensemble mais de bonne facture.

À accorder sur un nougat glacé au coulis de fruits rouges.

Armagnac Delord

Lannepax est un petit village situé entre Eauze et Vic-Fézensac. Viticulteurs et distillateurs depuis trois générations, les Delord y sont installés depuis bien longtemps. C'est Prosper Delord, né à Lannepax en 1875, qui fonde l'entreprise de distillation. Aujourd'hui, dans la même tradition, Jacques et Pierre Delord perpétuent l'œuvre de leur ancêtre, Prosper, avec toujours autant de respect pour la qualité. La distillerie occupe le même local depuis sa création; Jacques connaît le moindre souffle, le moindre bruit de ses alambics armagnacais de type Sier au faible débit; il en parle avec une émotion évidente lorsqu'il les présente. Tradition ne signifie pas pour autant refuser le progrès. En 1972 l'entreprise se dote d'un alambic à repasse. Les vieux alambics Sier, qui ne produisent que 50 litres d'eau-de-vie par heure, gardent malgré tout sa préférence. Ils sont pourtant un souci constant en raison de leur âge, mais Jacques affirme que ce sont eux qui produisent les meilleures eaux-de-vie au vieillissement; il ne s'en séparerait pas pour tout l'or du monde.

Propriétaire de 11 hectares de vignobles dans les sables fauves, la famille ne distille que sa propre production. Jacques Delord est un homme qui semble renfermé ; grâce à ses connaissances sur l'armagnac, il travaille avec efficacité et discrétion, ses « coups de gueule » sont aussi rares qu'impressionnants et il peut surprendre par sa vision du futur.

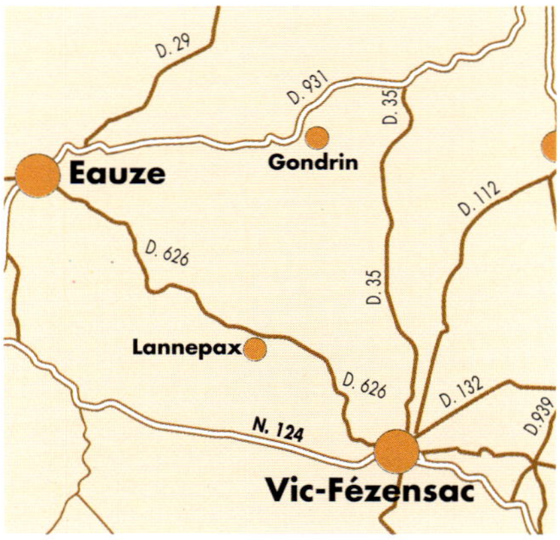

Armagnac Delord
32 190 Lannepax
Tél. 05 62 06 36 07 – Fax. 05 62 64 41 98
Sur la D626 direction Eauze, à la sortie du village sur la droite.

DÉGUSTATIONS

Delord Vieil Armagnac « Hors d'âge » 40° – A.O.C. Armagnac

Eau-de-vie ambré profond, aux reflets verts, brillante et limpide.
Le nez est riche et puissant avec des arômes suaves de rancio, de vanille et de bois chauffé.
En bouche, l'attaque est sur la rondeur ; c'est une eau-de-vie gourmande, souple et facile d'abord. Agréable pour tous les moments de la journée et pour s'initier à l'armagnac.
L'accorder sur une fin de repas avec un café pas trop corsé du type Moka d'Éthiopie et un petit morceau de chocolat au gingembre.

Delord 1976 – 42.5° A.O.C. Armagnac-Ténarèze (toujours sous bois)

Eau-de-vie ambré d'une belle profondeur, aux reflets verts, brillante et limpide.
Le nez est simple plutôt rancio. En bouche, c'est l'explosion ! Nous avons une très belle Ténarèze, déjà sur des notes de vieillissement avec des arômes de rancio, de zan. Les tanins sont encore présents mais sans excès et très fins ; la finale est superbe, sur la réglisse avec une très belle longueur.
À accorder sur une pêche chaude caramélisée et noisettes grillées avec glace à la vanille.

Delord 1972 – 53° – A.O.C. Bas-Armagnac (toujours sous bois)

Eau-de-vie ambré soutenu, aux reflets verts, brillante et limpide.
Le nez est élégant avec un léger rancio et des fruits blancs compotés.
En bouche l'attaque est franche, la sensation alcooleuse n'est pas agressive.
Les arômes cacaotés et grillés dominent et finissent sur la richesse d'un beau rancio alliant pruneau, épices et café grillé.
C'est un très beau bas-armagnac, fin et pas trop riche.
À accorder sur un sorbet au chocolat noir, avec une crème anglaise légèrement safranée.

Maison B. Gelas & fils

Rares sont les familles qui savent que l'origine de leur nom remonte à 1246. La famille actuelle descend du Seigneur de Bonas, de Rozès et Saint-Paul (de Baïse) par Lerebrun de Gelas. On ne peut être plus Gascon ! En plus de neuf siècles, cette famille ne s'est déplacée que de 6 km pour venir s'installer à Vic-Fézensac. Les premières eaux-de-vie d'Armagnac signées Gelas datent de 1865. Baptiste Gelas, tonnelier, crée à cette époque une entreprise de négoce, et de 1920 à 1960, Louis Gelas lui donne un véritable essor. Bertrand et Philippe Gelas occupent aujourd'hui respectivement les postes de commercial et de gestionnaire. La famille Gelas achète le château de Martet avant la seconde guerre mondiale. Ce château de 20 hectares, situé à Sauboires, entre Eauze et Manciet, permet à la famille de renouer avec la terre et les traditions ancestrales et de « défendre le baco 22A, qui disparaîtra malheureusement au XXIe siècle ». Elle fait sa propre distillation avec des alambics Sier et met sa production en bouteilles au Château. Bertrand Gelas est un homme simple et plein de bon sens. Depuis 1977 il sélectionne les eaux-de-vie de la propriété et les embouteille sur le lieu même de production avec une étiquette personnalisée. Certains consommateurs demandent plus d'authenticité. Pour satisfaire ce marché, il propose à ses clients une gamme de 20 domaines, qu'il met en bouteilles à la propriété. « Se battre sur tous les fronts, qualité et respect des traditions » pourrait être la devise de la famille Gelas.

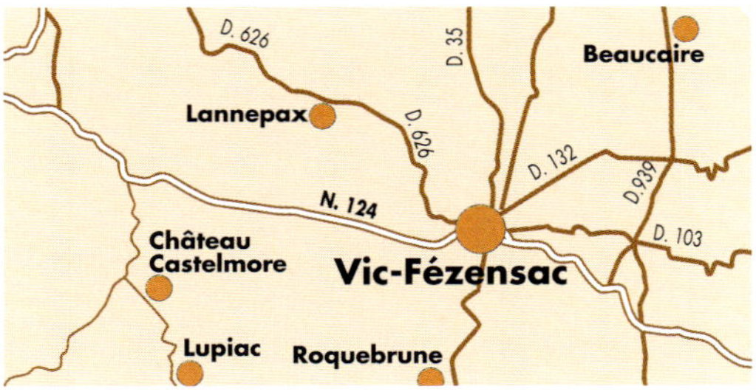

Maison B. Gelas et Fils
32190 Vic-Fézensac
Tél. 05 62 06 30 11 – Fax. 05 62 06 58 95
À Vic-Fézensac, sur la N124 prendre centre ville, puis tout de suite à droite après la station-service.

DÉGUSTATIONS

Vieil Armagnac « Hors d'âge » – 40° B. Gelas et Fils A.O.C. Armagnac

Eau-de-vie ambré profond, aux reflets verts, brillante et limpide.
Le nez est très aromatique avec des notes de rancio ; la note de pruneaux ressort très fortement et on termine sur des nuances de champignons et d'humus.
L'attaque en bouche est franche ; la sensation alcooleuse est fondue et les tanins sont déjà très souples mais ressortent encore ; l'eau-de-vie est sur le rancio et le pruneau, agrémentée d'épices et de vanille ; la finale est très longue et riche ; c'est le haut de gamme des « Hors d'âge ».
À accorder sur des pâtisseries à base d'oranges confites (des pâtes de fruits), ou en digestif.

Vieil Armagnac 25 ans d'âge – 40° B. Gelas et Fils A.O.C. Armagnac

Eau-de-vie ambré très profond, aux reflets verts, brillante et limpide.
Le nez de grande amplitude donne tout de suite des notes de rancio agrémentées par des arômes vanillés et épicés ; la note boisée est encore présente et se traduit par un côté bois grillé et fumé, voire thé fumé.
L'attaque en bouche est franche avec une forte présence tannique ; la sensation alcooleuse puissante se fond bien dans l'ensemble, il apporte à l'eau-de-vie richesse et tonus ; le côté réglisse et violette ressort en premier et on termine sur le rancio ; la finale est longue ; belle eau-de-vie de caractère, riche et ample.
À accorder avec un beau cigare, également avec une tarte citronnée, ou sur une infusion à la verveine.

Domaine de Pantagnan – 44° « folle blanche » 1965 - I. Labeyrie à Subehargues (Landes) A.O.C. Bas-Armagnac (mise en bouteille 1988)

Eau-de-vie ambré profond, aux reflets verts, brillante et limpide.
Le nez est sur des registres simples de vanille et de pain d'épice mais avec une grande élégance.
L'attaque en bouche est franche, déjà bien équilibrée entre l'acidité et le moelleux ; la sensation alcooleuse est très présente mais disparaît rapidement pour laisser place à un boisé fin sans excès ; la finale aromatique est d'abord sur des épices et de la vanille, puis se termine sur des notes de champignons, de terre humide et de tabac blond ; l'eau-de-vie est d'une incroyable longueur en bouche.
À accorder avec plaisir sur une infusion à la verveine ou sur une tarte aux pommes ou poires caramélisées.

Domaine de Saviac 1964 – 44° « Picquepoul » Mme Baragne à Montréal du Gers A.O.C. Ténarèze

Eau-de-vie ambré profond, aux reflets verts, brillante et limpide.
Le nez est très aromatique, sur des notes de pruneaux cuits et d'épices (muscade).
En bouche, l'eau-de-vie est franche, avec une sensation alcooleuse assez riche mais vite reléguée au second plan par les tanins encore présents ; ils apportent les arômes d'épices et de bois grillé pour terminer sur une note mentholée et de résineux ; belle longueur finissant sur la réglisse.
À accorder sur une salade de fruits compotés (raisins, pommes et pruneaux, citrons et oranges confits), ou en digestif au déjeuner.

Domaine de Beoulaygue 1950 43° M. Georges Pelat A.O.C. Bas-Armagnac (mise en bouteille 1988)

Eau-de-vie ambré topaze très profond, aux reflets verts, brillante et limpide.
Le nez est très complexe avec pour dominante des arômes de noix, d'amandes grillées, puis des notes de bois chaud vanillé et enfin des pruneaux.
En bouche, l'attaque est franche avec un bel équilibre acidité/moelleux ; les tanins d'élevage ont perdu de leurs richesses mais gardent toutefois une belle présence ; la sensation alcooleuse est bien présente et en harmonie avec les autres composants ; la finale aromatique est complexe, avec des épices comme le poivre, des notes mentholées de pin, et de la cire d'abeilles ; eau-de-vie très longue en bouche.
À déguster telle quelle après dîner ou avec une infusion de tilleul.

Château de Néguebouc

Les grands magazines d'économie avaient nommé, vers la fin des années 1980, parmi d'autres chefs d'entreprise, Claude Posternak comme étant l'un des hommes qui feraient l'an 2000. À la tête d'une entreprise de communication à Paris, il dirigeait plus de 300 personnes. Mais, à l'occasion de vacances dans le Gers, l'intéressé en décide autrement et sa vie bascule. C'est un formidable challenge que va relever Claude Posternak qui se découvre une extraordinaire passion pour l'eau-de-vie d'armagnac. De ces vacances, il n'en reviendra jamais. Il réussit à convaincre son épouse et, avec elle, commence une nouvelle vie, dans ce havre de paix et de tranquillité. Il vend sa société en 1990 et achète le château de Néguebouc, à Préchac, petite commune du Gers à côté de Lavardens. Ce néophyte se lance dès la première année dans la distillation qu'il confie à un bouilleur de cru. Pierre Laberdolive fait partie de ceux auprès desquels Claude Posternak prendra conseil. En effet, leurs terres présentent des similitudes quant à la composition du sol : les boulbènes qui font la réputation des eaux-de-vie de bas-armagnac sont également présentes à Néguebouc. Afin de s'imprégner de l'histoire, de connaître les avancées scientifiques et techniques, il fera beaucoup de recherches pour assouvir sa nouvelle passion. Ses méthodes nouvelles et parfois peu orthodoxes lui valent le surnom de « révolutionnaire du Haut-Armagnac ». Mais sans doute faut-il un brin de folie pour accomplir un tel parcours et recommencer à zéro dans une région totalement inconnue qui l'a maintenant fort chaleureusement adopté. La propriété possède aujourd'hui 8 hectares de vignobles plantés en folle blanche, colombard et ugni-blanc, dans cette zone d'appellation du « Haut-Armagnac », rare et peu

connue, et qui ne représente que moins de 2 % du vignoble de l'Armagnac. Son épouse, Martine, tout à fait investie dans l'exploitation, s'occupe du vignoble. Elle a fait enherber les parcelles les plus riches, et ce afin d'éviter de trop gros rendements et donc favoriser la concurrence des végétaux. Claude s'occupe plus particulièrement de la distillation qu'il effectue le plus tôt possible, en général sept jours après la fin de la fermentation des vins. En compagnie du bouilleur de cru, il surveille chaque étape du processus, sachant que de cette naissance dépend l'eau-de-vie et la qualité des haut-armagnacs qu'il met en vente depuis mai 1997. À quarante-quatre ans, Claude Posternak a trouvé sa voie, il est passionné et passionnant. Il garde la tête sur les épaules et sait « déjà » faire partager sa nouvelle philosophie.

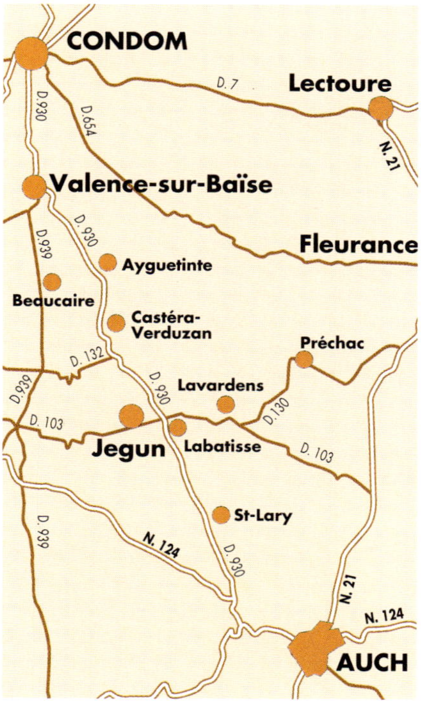

Château de Néguebouc
Claude et Martine Posternak
32 390 Préchac
Tél. 05 62 65 27 65 – Fax. 05 62 65 27 30 – E Mail : armagnac. neguebouc@wanadoo. fr
Sur la D930 entre Condom et Auch, au lieu dit « Labastide » (prés du village de Jegun), prendre la D130 en direction de Fleurance et Lavardens.
Après avoir passé Lavardens, rester sur la D130 pour arriver au village de Préchac.
Dans le village de Préchac, à la statue de la Vierge, prendre la direction de Cezan sur la gauche. Faire 2,7 km pour arriver à un « STOP »; là, prendre à gauche et faire 500 m pour trouver l'entrée du lieu-dit de « Néguebouc », juste avant le panneau se trouve l'entrée du château sur la droite avec une grille en fer forgé (soit la deuxième route sur la droite).

DÉGUSTATIONS

Château de Néguebouc « la simple distillation » – 43.7°
A.O.C. Haut-Armagnac (mise en bouteille 04/97)

Eau-de-vie topaze de belle intensité, aux reflets légèrement roux, brillante et limpide.
Le nez est simple et en finesse, avec des arômes de beurre et de poires cuites, puis après aération, a un côté légèrement iodé avec une touche de lavande qui donne une note épicée.
L'attaque en bouche est franche et moelleuse avec beaucoup de gras et peu de matière tannique; la sensation alcooleuse n'est pas agressive; la finale est sur des notes réglissées et iodées, puis un peu de vanille (whisky bourbon) pour finir sur des épices comme le poivre; belle eau-de-vie peu boisée et complexe, ayant beaucoup de caractère.
À accorder sur des viandes séchées et fumées comme le magret de canard en salade avec vinaigrette à l'huile d'olive; également en digestif au déjeuner.

Château de Néguebouc « Cuvée du Château » – 44.5°
A.O.C. Haut-Armagnac (mise en bouteille 04/97)

Eau-de-vie ambré clair de belle intensité, aux reflets verts, brillante et limpide.
Le nez a un côté très fin et grillé avec aussi des notes de réglisse très prononcées.
L'attaque en bouche est franche et plutôt moelleuse et grasse; les tanins sont ici un peu plus marqués mais restent fins et élégants; la sensation alcooleuse ne dérange pas; la finale de l'eau-de-vie est très réglissée et garde beaucoup de fraîcheur en bouche; nous trouvons des notes de baies de genièvre qui donnent une sensation poivrée; eau-de-vie de belle complexité et de belle race.
À accorder avec des pruneaux cuits au sirop et compote de pommes légèrement citronnée aux zestes confits.

Armagnac Marcel Trépout

Il n'est pas banal de posséder une superbe bâtisse, qui, vers 1135, était tenue par des religieux offrant l'hospitalité aux pèlerins de Saint-Jacques-de-Compostelle. Le monastère de « Notre-Dame » est

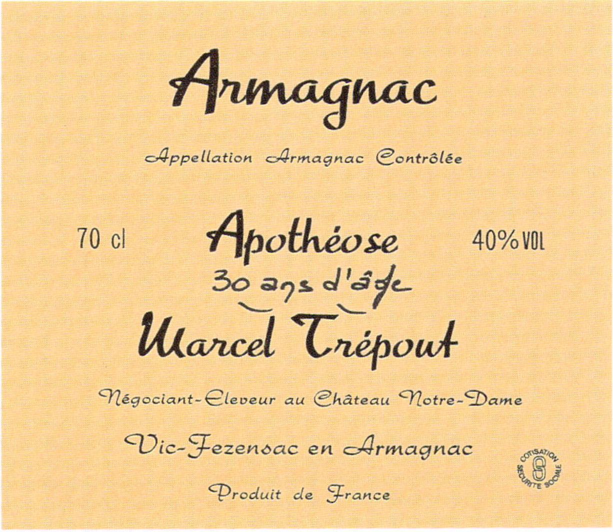

situé le long de la voie romaine qui traverse Vic-Fézensac. Il a conservé tout son cachet et sa vocation de lieu de passage et de repos. M. Darreux en est l'heureux propriétaire actuel, et la salle de visite n'est autre que le monastère, lieu de recueillement propice aux dégustations. Cette maison de « négociant-éleveur » a été créée en 1920 par Marcel Trépout. Georges Darreux, son gendre, avoue qu'il entretenait avec son beau-père, maintenant décédé, une complicité toute particulière. Rien ne le prédestinait au commerce de l'armagnac puisqu'il exerçait son activité dans les assurances. Mais grâce à leurs relations privilégiées, Marcel Trépout a très tôt initié son gendre au travail de sélection et de coupe. Sans doute était-il conscient que Georges Darreux avait en lui cette fibre nécessaire pour reprendre après lui

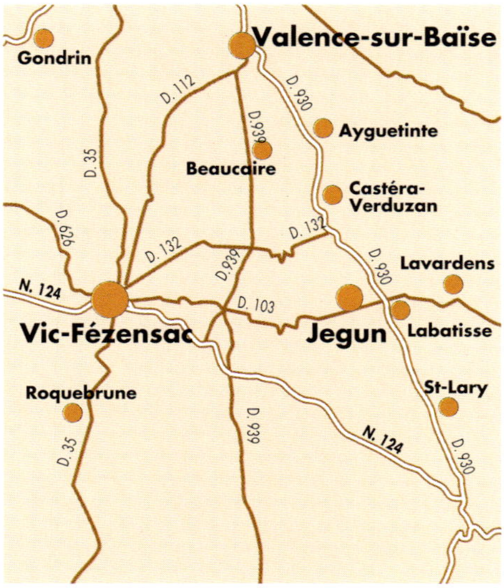

le flambeau. Ainsi, Georges Darreux est devenu « négociant-éleveur », et il est fier de l'être. Ne pas posséder de vigne l'oblige à apporter beaucoup de rigueur à la sélection des eaux-de-vie qui porteront son étiquette. Avant d'y apposer sa signature, il élève patiemment ses « enfants » achetés « bruts » juste à la sortie de l'alambic. Ainsi plus de dix millésimes sont proposés, des plus jeunes à de très vieux, pour satisfaire les goûts et les choix des différents consommateurs.

Armagnac Marcel Trépout
Monastère de Notre-Dame – M. Georges Darreux
B.P. 24 – 32 190 Vic-Fézensac
Tél. 05 62 06 33 83 – Fax. 05 62 64 40 95
En venant d'Auch par la RN124, prendre à droite après la station «Esso», Route de Marambat Direction Valence-sur-Baïse – D112. Tourner à la quatrième rue sur la gauche, rue du Pont-Notre-Dame.

DÉGUSTATIONS

Armagnac Marcel Trépout VSOP (8 ans) – 40° A.O.C. Armagnac

Eau-de-vie ambré, aux reflets verts, brillante et limpide.

Le nez a des arômes de pins (note résineuse), de cire d'abeilles et une finale vanillée.

L'attaque en bouche est franche avec un bel équilibre entre l'acidité et le moelleux; les tanins sont fondus; la finale est sur des notes de rancio, pruneaux et vanille; c'est une eau-de-vie d'Armagnac, sans grande richesse ni amplitude, mais de belle qualité.

À accorder au déjeuner avec un fromage comme la fourme d'Ambert.

Armagnac Marcel Trépout « Hors d'âge » 20 ans – 42° A.O.C. Armagnac (mise en bouteille 1997)

Eau-de-vie ambré assez profond, avec des reflets verts, brillante et limpide.

Le nez est assez simple mais très rancio, beurré avec une petite note de cire d'abeilles.

L'attaque en bouche est franche, bien équilibrée entre l'acidité et le moelleux; les tanins sont encore présents et apportent le caractère des eaux-de-vie longtemps restées sous bois; mais grâce à une puissance alcooleuse assez riche, l'ensemble est tout en harmonie et bien équilibré. La rétro-olfaction est sur le rancio, le pruneau et garde en finale cette note boisée et vanillée qui donne beaucoup de caractère.

À accorder en digestif, au déjeuner ou au dîner, avec un café suave tel un arabica d'Éthiopie et un cigare double Coronas.

Armagnac Marcel Trépout « Apothéose » 30 ans – 40° A.O.C. Armagnac

Eau-de-vie ambré très profond, presque noir, avec des reflets verts, brillante.

Le nez fait apparaître tout de suite des notes de très vieille eau-de-vie, d'une incroyable richesse, allant du pruneau, rancio, aux épices et même un côté suc rôti de viande.

En bouche l'attaque est franche; on trouve dans l'équilibre de l'eau-de-vie, une richesse moelleuse due à son long élevage en pièce; les tanins sont d'ailleurs très présents et riches, mais d'un moelleux et d'une onctuosité très agréables; la sensation alcooleuse se marie bien avec les autres composants et bien qu'assez riche, apporte du relief à l'ensemble; la finale est sur le rancio et les pruneaux; cet armagnac d'une incroyable longueur finit sur de la réglisse.

À accorder tout simplement en digestif en fin de dîner.

Armagnac Marcel Trépout 1966 – 42° A.O.C. Armagnac (mise en bouteille 1997)

Eau-de-vie ambré assez profond, avec des reflets verts intenses, brillante et limpide.

Le nez ne s'exprime pas trop et reste sur une richesse alcooleuse.

En bouche, l'eau-de-vie est franche avec une belle acidité; les tanins sont riches et encore présents; la sensation alcooleuse qui était légèrement agressive au nez, est maintenant bien fondue dans l'ensemble des composants; nous avons une eau-de-vie encore jeune très bien distillée; la finale est sur des notes de réglisse et de vanille et longue en bouche. Parfaite pour un déjeuner, à accorder sur une mousse au chocolat et zestes d'oranges.

La région d'Eauze

Sites à visiter

Église gothique d'Eauze
Maison Jeanne d'Albret à Eauze
Musée gallo-romain
à Montréal du Gers
Tour de Lamothe
à Bretagne d'Armagnac

Listes des maisons d'armagnac

Maison Gimet « Le Roy des Armagnacs »
Domaine de Lagajan-Pontouat
Armagnac marquis de Caussade
Château de Millet
Armagnac marquis de Montesquiou
Château du Tariquet
Maison Veuve J. Goudoulin

NÉRAC
Laplume
Mézin
Francescas
Gabarret
Montréal
CONDOM
Lamothe
Millet
Cazeneuve
Gondrin
Eauze
Valence-sur-Baïse
Courrensan
Sauboires
St Amand
Manciet
Bascous
Lannepax
Nogaro
Vic-Fézensac
Jegun
Aignan
AUCH
Plaisance
D. 655
D. 665
D. 656
D. 109
D. 930
D. 112
D. 35
D. 29
D. 931
D. 15
D. 7
D. 626
D. 43
D. 654
D. 30
D. 201
D. 158
D. 113
D. 122
D. 162
D. 939
D. 20
N. 124
D. 3
D. 935
D. 946

Maison Gimet
« Le Roy des Armagnacs »

La famille Gimet a de très lointaines origines qui remontent avant la Révolution. Depuis maintenant quatre générations, elle demeure à Cazeneuve et a toujours exercé dans l'agriculture et la distillation. Jean-Pierre Gimet exploite 26 hectares de vignes avec sa mère, ainsi qu'une petite maison de négoce qui peut satisfaire sa clientèle internationale. Il utilise 4 ou 5 alambics de type armagnacais et aussi cognacais pour distiller. En plus de sa production, il distille également pour plusieurs petits propriétaires. Pendant la période de distillation, il reçoit en toute simplicité dans cette petite salle surchauffée par les alambics. Nombreux sont ceux qui viennent lui tenir compagnie pendant ces longues nuits, passées à surveiller les appareils. Elles sont mises à profit pour déguster les eaux-de-vie blanches, encore tièdes, juste à la sortie de l'alambic : elles possèdent déjà, suivant leur origine, des caractères très différents qui laissent deviner beaucoup de subtilité

et de race. À sa façon, il me raconte une anecdote concernant son père : dans les années 70, des savants russes étaient de passage à Aire-sur-Adour. Roger Gimet, son père, les a invités afin de leur faire découvrir l'armagnac autour d'un bon pâté du pays. Revenus en France quelques années plus tard, ces mêmes savants demandèrent à revoir « le paysan de Cazeneuve » qui les avaient si bien reçus. Ainsi a-t-on appris comment était surnommé Roger Gimet en Russie !

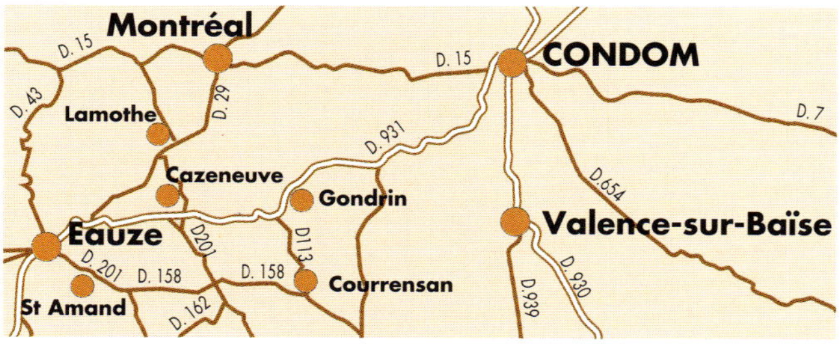

Maison Gimet
M. Jean-Pierre Gimet
Cazeneuve – 32800 Eauze
Tél. 05 62 09 90 01 – Fax. 05 62 09 77 98
À Eauze prendre la D931 direction Condom et faire 4,7 km. Prendre à gauche la D201 direction Cazeneuve. Les chais sont à 200 m à gauche, avant le virage.

DÉGUSTATIONS

« Le Roy des Armagnacs » « Hors d'âge » – 40° – A.O.C. Armagnac

Eau-de-vie ambré, aux reflets vert clair, brillante et limpide.
Le nez est élégant avec des arômes de vanille et de pruneaux légers.
En bouche l'attaque est franche et équilibrée ; la sensation alcooleuse ne dérange pas le palais ; les tanins sont bien présents, mais fins ; la rétro-olfaction reste sur des notes de vanille, de grillé et une finale de réglisse. Armagnac fin sans grand volume mais de belle facture.
À accorder au déjeuner sur un dessert à base de fruits, une glace chocolatée.

« Le Roy des Armagnacs » « Vieille Réserve » – 40° – A.O.C. Armagnac

Eau-de-vie ambré profond, aux reflets verts, brillante et limpide.
Le nez est très puissant, avec des arômes de vanille et de torréfaction.
L'attaque en bouche est franche et équilibrée ; la sensation alcooleuse ne domine pas ; les tanins sont de très belle qualité et apportent à l'eau-de-vie une certaine rondeur et du moelleux ; la rétro-olfaction reste sur des arômes de vanille et de réglisse (dus au bois), mais la finale laisse apparaître une légère amertume (pamplemousse) qui donne à l'armagnac un certain panache et de la longueur en bouche.
Un vrai digestif pour initier un novice au plaisir de l'armagnac, à accorder sur une tarte aux pommes et glace à la cannelle, ou en digestif.

« Le Roy des Armagnacs » 1956 42° – A.O.C. Armagnac (mise en bouteille 1997)

Eau-de-vie à la robe ambré très profond, aux reflets verts très intenses, brillante et limpide.
Le nez est puissant et apporte une certaine suavité avec des arômes enivrants de vanille, d'épices et de rancio.
L'attaque en bouche est franche et équilibrée ; la sensation alcooleuse est puissante mais disparaît vite au palais ; les tanins sont bien présents et apportent du volume à l'eau-de-vie ; on retrouve à la rétro-olfaction les notes de vanille, de grillé et d'épices, pour finir sur des notes rancio très intenses ; la finale est sur la réglisse et les pruneaux qui donnent à l'eau-de-vie une incroyable longueur.
À accorder en fin de dîner sur un cigare de gros module double Coronas, ou en simple digestif.

Domaine de Lagajan-Pontouat

L'histoire de Constantin Georgacaracos commence comme un conte et est le fruit d'un invraisemblable concours de circonstances. Victime d'une crevaison, il se rend dans la ferme la plus proche afin de demander de l'aide. Cette ferme n'est autre que le domaine de Lagajan que Ruffin Castex a créé après la première guerre mondiale. Gisèle Dulau, sa petite-fille, vit également à la ferme. Après cette première rencontre due au hasard, Constantin reviendra souvent au domaine. Quelque temps plus tard, ils se marièrent; ils ont deux enfants : Dimitri qui a aujourd'hui 33 ans, et Catya qui vient de fêter ses 30 ans. Constantin Georgacaracos n'a pas de formation particulière mais il fait partie de ces hommes qui font beaucoup de choses avec un instinct très développé. Peut-être est-ce cela la sagesse? Avant son arrivée, toutes les eaux-de-vie étaient vendues au négoce. Très vite, il se rend compte de l'importance de valoriser sa marque et il crée « Gentilhomme de Gascogne »; cette marque a maintenant trente ans. Malgré le peu de moyens et toujours en suivant son instinct, il se dit qu'un alambic est nécessaire, plutôt que de continuer à faire distiller à façon. Les prix ne correspondent pas à sa bourse et au moment de quitter le marchand, il remarque une vieille machine; le vendeur la lui déconseille vivement car déjà trois acheteurs l'ont ramenée faute d'avoir pu la faire fonctionner avec succès. Constantin se fie à nouveau à son instinct et repart avec ce vieil alambic « Vantouillac ». De retour au domaine, il le démonte pièce par pièce et part à la recherche du distillateur qui l'utilisait. Il retrouve enfin M. Mure de Labarrère,

ravi d'apprendre que « son » alambic va revivre et qui, sous le coup de l'émotion lâche un : « Oh putain ! aquét qué hè boun ! » (Oh putain, celui-là, il fait bon). Grâce aux conseils avisés prodigués par M. Mure, Constantin Georgacaracos découvre tous les secrets de ce fameux alambic qui produit encore de merveilleuses eaux-de-vie. Il confie qu'il bichonne cet alambic « comme une maîtresse » et qu'il ne s'en séparerait pas pour tout l'or du monde. Le domaine viticole représente 33 hectares, dont 22 en baco, le reste en ugni-blanc, folle blanche et colombard. Les eaux-de-vie sont vieillies dans des pièces neuves et sont commercialisées non réduites (au degré naturel de vieillissement). C'est un vrai plaisir que de découvrir ces bas-armagnacs baptisés de façon fort poétique Jouvenceau (6 ans), Damoiseau (hors d'âge) et Chevalier (réserve).

Domaine Lagajan-Pontouat
Constantin Georgacaracos
Avenue de Sauboires – 32 800 Eauze
Tél. 05 62 09 81 69 – Fax. 05 62 09 82 90.
Sur le boulevard circulaire d'Eauze, vous trouverez l'avenue de Sauboires sur la droite, juste avant « le monument aux morts » et les anciennes arènes couvertes. L'entrée du domaine se situe à gauche 300 m après le panneau de sortie de la ville.

DÉGUSTATIONS

Domaine Lagajan – « Gentilhomme de Gascogne » – « Jouvenceau » VSOP (6 ans) – 47°
A.O.C. Bas-Armagnac

Eau-de-vie jaune paille foncé, aux reflets verts, brillante et limpide.
Le nez est floral, avec une légère note vanillée, créant un ensemble d'une incroyable finesse et plaisant à humer.
En bouche l'attaque est franche et équilibrée ; le côté floral et fruité (cerise et framboise cuites) du nez ressort bien, agrémenté par les épices douces ; eau-de-vie très peu boisée, plutôt sur la jeunesse, comme ces eaux-de-vie qui sortent de l'alambic, mais avec un petit plus dû à ces quelques années d'élevage ; on garde sur le palais une sensation très fraîche et agréable. Armagnac noble, à accorder sur un dessert à base de fruits frais, ou avec une tisane de verveine, mais surtout pas avec un café qui occulterait son parfum délicat.

Domaine Lagajan – « Gentilhomme de Gascogne » – « Damoiseau » 1984 Hors d'âge – 47°
A.O.C. Bas-Armagnac

Eau-de-vie ambré clair, aux reflets verts, brillante et limpide.
Le nez est fruité avec des nuances compotées et un léger début de rancio.
L'attaque en bouche est franche, avec une certaine rondeur dans son ensemble ; la sensation alcooleuse déjà bien présente est riche mais sans agressivité ; les tanins sont bien structurés et apportent une note légèrement boisée et réglissée à l'ensemble qui se décline ensuite sur de la vanille et du pruneau cuit ; tout est en harmonie et bien équilibré. Eau-de-vie belle et agréable, un vrai digestif que l'on peut aussi accorder avec un macaron à la pistache et au chocolat et crème anglaise vanillée.

Domaine Lagajan – « Gentilhomme de Gascogne » – « Chevalier » 1981 Réserve de Lagajan – 47°
A.O.C. Bas-Armagnac

Eau-de-vie ambré, aux reflets verts, brillante et limpide.
Le nez est très aromatique ; tous les parfums sont en équilibre les uns avec les autres ; un léger rancio, du pruneau et une note vanillée et grillée font leur apparition en finale.
En bouche l'eau-de-vie est équilibrée ; la sensation d'alcool est agréable et, malgré son haut degré, elle n'est pas agressive ; le rancio est dominant ; c'est une eau-de-vie racée et de caractère avec des tanins réglissés.
Un grand moment que cette dégustation ! Croquer un petit chocolat aux noisettes et pistaches et bien prendre son temps après un dîner.

Armagnac Marquis de Caussade

Quand, après bien des déboires, l'U.C.V.A. (Union des Caves Coopératives d'Armagnac) disparaît au cours des années 80, Michel Coste, d'origine cognacaise, va reprendre une relève difficile. Alors président de la Compagnie Commerciale de Guyenne, il va mettre en avant la marque « Marquis de Caussade ». Michel Verron en est le directeur général et lance « un plan de bataille » pour remettre l'eau-de-vie d'armagnac au premier plan des eaux-de-vie brunes à appellation, tout en jouant sur l'ancienneté de l'armagnac par rapport à ses concurrents directs. De nos jours, « Marquis de Caussade » fait partie d'un holding financier, mais garde la tête et le cœur au plus profond de l'Armagnac, puisque les chais et les bureaux sont à Eauze. Le magnifique emblème de cette maison est le papillon bleu *morpho-menelaus.* Ce choix est le résultat d'une étude approfondie : la chrysalide est associée au vin, la chenille à l'eau-de-vie qui sort de l'alambic, et le papillon, après une longue gestation, à une magnifique eau-de-vie, elle aussi toute en couleur. Dans cet esprit de renouveau des eaux-de-vie d'armagnac, « Marquis de Caussade » se lance dans une nouvelle

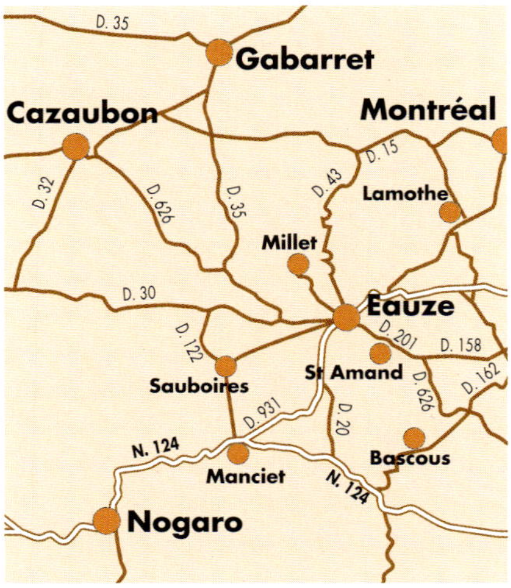

bataille : cette maison a en effet décidé de mentionner sur les étiquettes l'âge des eaux-de-vie et on trouve donc les plus jeunes de 10 ans, puis 12, 17, 21, 30 ans et plus. Les dénominations VSOP, XO et VS sont peu à peu abandonnées car elles laissent le consommateur un peu dans le flou. « Marquis de Caussade annonce la couleur », sont les paroles de M. Verron. C'est le titre de sa nouvelle bataille pour l'avenir.

Marquis de Caussade
Route de Cazaubon – 32 800 Eauze
Tél. 05 62 09 94 22 – Fax. 05 62 09 98 34.
À Eauze prendre le boulevard circulaire. Puis prendre direction Cazaubon par la D626, faire 300 m après la sortie de ville, les chais sont à droite signalés par un panneau en forme de papillon bleu.

DÉGUSTATIONS

Marquis de Caussade 17 ans – 40°
A.O.C. Armagnac

Eau-de-vie ambré profond, aux reflets verts, brillante et limpide.
Le nez se caractérise par des arômes de fruits (dus à la distillation) comme le cédrat confit, puis après aération, on trouve une note de pruneau et de tabac blond.
L'attaque en bouche est franche et équilibrée ; la sensation alcooleuse ne dérange pas trop ; les tanins ressortent bien surtout en finale ; la rétro-olfaction, très grillée, café torréfié et épices douces, en fait un bel armagnac, élégant et de caractère, pour ceux qui recherchent une eau-de-vie pas trop forte.
À accorder au déjeuner sur une tarte au citron, un café arabica de Colombie.

Marquis de Caussade 21 ans – 40°
A.O.C. Armagnac

Eau-de-vie ambré profond, aux reflets verts, brillante et limpide.
Le nez fait ressortir des arômes de fruits blancs compotés (plutôt poire), avec de la cannelle et des épices.
L'attaque en bouche est franche et équilibrée ; la sensation alcooleuse est bien présente mais sans agressivité ; les tanins de l'élevage sous bois sont riches mais moelleux ; à la rétro-olfaction on ressent des arômes de tabac assez riches, sûrement apportés par les tanins très grillés, puis des épices et on finit sur une légère note de rancio ; la finale est sur le zan qui apporte beaucoup de relief à l'eau-de-vie. Belle eau-de-vie très aromatique.
À accorder sur une infusion ou avec un cigare Corona, pas trop tannique.

Marquis de Caussade 30 ans – 40°
A.O.C. Armagnac

Eau-de-vie ambré très profond, aux reflets verts, brillante et limpide.
Le nez se caractérise par des arômes de champignons et une note terreuse.
L'attaque en bouche est franche et de caractère ; l'eau-de-vie est équilibrée et la sensation alcooleuse est bien fondue ; les tanins sont très fins et sans excès ; on peut dire qu'ils sont à maturité ; la rétro-olfaction est plutôt sur du tabac blond, des épices, avec encore une note de torréfaction évoluant sur un léger rancio de belle finesse.
Belle eau-de-vie à maturité que l'on prendra en digestif au dîner, ou sur une poire cuite aux épices et sabayon.

Château de Millet

Malgré une activité débordante, Francis Dèche, homme simple, vous reçoit comme un ami de longue date.

Il exploite depuis 1973 ce domaine d'environ 60 hectares, non loin d'Eauze, sur un terroir argilo-calcaire.
À la fin du XVIIIe siècle, M. Dubos rachète ce château. En effet, sa fille doit épouser un M. Dèche, et il veut lui donner « une belle dot ». Aujourd'hui la cinquième génération exploite le château. On remarque un pigeonnier à 90 niches ; on dit qu'un pigeon a besoin d'un hectare de terre pour vivre ; on peut donc supposer que le domaine était beaucoup plus vaste à l'origine. Ainsi, l'acte de vente du château mentionne-t-il « deux chaudières », autrement dit deux alambics. On distillait donc déjà à cette époque. Le Château de Millet pratique la polyculture : l'élevage de blondes d'Aquitaine, le maïs, la vigne et également un domaine forestier qui sert principalement à la fabrication des fûts de chêne dans lesquels vieillissent les eaux-de-vie. Afin de pouvoir y déguster l'armagnac

et profiter d'un agréable moment de détente, les touristes pourront bientôt séjourner au château. En effet, pour conforter cet esprit de convivialité, Francis Dèche va prochainement ouvrir un gîte rural dans la plus pure tradition gasconne.

Château de Millet
M. et Mme Francis Dèche
32800 Eauze
Tél. 05 62 09 87 91 – Fax. 05 62 09 78 53
Sur le boulevard circulaire, prendre la C4 à droite avant le garage (Renault); faire 3,4 km l'entrée du domaine est à droite.

DÉGUSTATIONS

Château de Millet « 5 ans » – 42° A.O.C. Bas-Armagnac

Eau-de-vie topaze, aux reflets cuivrés, brillante et limpide.
Le nez est peu ouvert mais laisse apparaître des notes de vanille et de torréfaction (pain grillé).
L'attaque en bouche est franche avec une belle acidité et un beau gras; la sensation alcooleuse n'est pas agressive et se fond bien dans l'ensemble; les tanins sont très légèrement marqués par une présence de vanille et de grillé; la finale est sur les épices et les fruits blancs comme la poire cuite; une eau-de-vie de belle longueur qui reste sur des notes de fruits et de fraîcheur.
À servir un peu fraîche entre 14 et 16 °C.
À accorder sur des fruits en salade ou sur une dacquoise, mais aussi en apéritif.

Château de Millet 1984 42° – A.O.C. Bas-Armagnac (mise en bouteille 1997)

Eau-de-vie ambré roux foncé, aux reflets verts, brillante et limpide.
Le nez est élégant et reste sur des notes d'élevage, avec des arômes de bois grillé, de vanille et d'épices, le tout d'une grande finesse.
L'attaque en bouche est franche et équilibrée; la sensation alcooleuse est bien présente et structure l'armagnac; les tanins sont élégants et de belle facture; on retrouve à la rétro-olfaction des notes d'épices, de vanille et de noix grillée, avec une petite touche de fruits confits; eau-de-vie de belle structure ayant une finale complexe et élégante.
À servir au déjeuner en digestif, ou sur une glace aux noix et macarons aux amandes.

Château de Millet 1974 42° – A.O.C. Bas-Armagnac (mise en bouteille 1996)

Eau-de-vie ambré, aux reflets verts, brillante et limpide.
Le nez est très élégant avec toujours des arômes d'élevage comme la vanille et la torréfaction.
L'attaque en bouche est franche et équilibrée; la sensation alcooleuse est bien fondue dans l'ensemble; les tanins sont bien présents; la rétro-olfaction est sur des arômes de réglisse, d'épices et garde une belle amplitude en finale.
À accorder sur une pâte d'amandes aux myrtilles, une infusion, ou en digestif après dîner.

Château de Millet 1958 42° – A.O.C. Bas-Armagnac (mise en bouteille déc. 96)

Eau-de-vie ambré profond, aux reflets verts, brillante et limpide.
Le nez est sans grande richesse, plutôt sur les arômes d'élevage comme la vanille et les épices.
L'attaque en bouche est franche et équilibrée; la sensation alcooleuse est plutôt ronde et souple; les tanins sont fins et fondus; la rétro-olfaction est sur les notes de réglisse, de torréfaction et d'épices; la finale est très élégante, avec une eau-de-vie « rassise » longue en bouche et qui tapisse longtemps le palais avec beaucoup d'amplitude.
À accorder avec un cigare Corona de caractère ou en simple digestif après dîner.

Armagnac marquis de Montesquiou

Le marquis Pierre de Montesquiou crée à Auch, en 1936, sa maison d'armagnac. Cette société de négoce va diffuser et promouvoir l'eau-de-vie d'armagnac à travers le monde grâce aux relations diplomatiques internationales que Pierre de Montesquiou entretient dans les ambassades. Après la seconde guerre mondiale, c'est la première marque pour l'export. Vers 1960, la maison de négoce connaît quelques difficultés financières et elle va s'associer

à Paul du Vignau et s'installer à Condom. Après quelques années noires, elle est rachetée par la société Suze, qui elle-même sera rachetée en 1965 par Pernod. Mais la marque Montesquiou continue de contrôler sa production. Elle est propriétaire de 90 hectares de vignes plantées en folle blanche et ugni-blanc. Ce vignoble regroupe six propriétés de la région de Campagne d'Armagnac, à l'ouest d'Eauze.

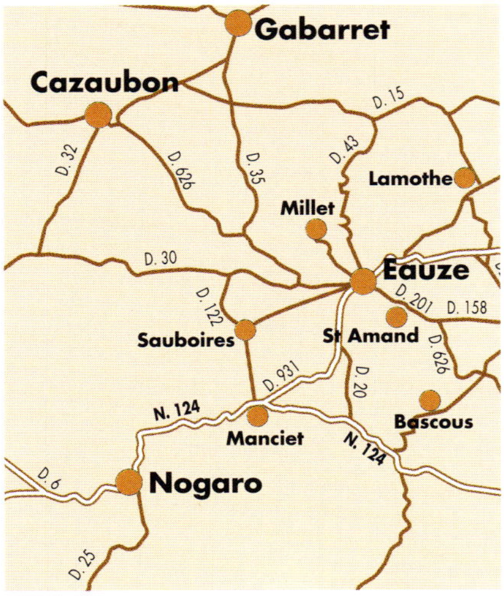

Pour aller au bout de la qualité, il faut aussi contrôler le vieillissement, d'où la construction de cette « cathédrale » du vieillissement à Eauze. M. Eyrignoux dirige la Société des Produits d'Armagnac et reçoit les visiteurs avec beaucoup de plaisir. Tout en fumant sa pipe, il m'explique l'évolution des cours de l'armagnac, les volumes en stock et, avec sa parfaite connaissance des marchés de l'eau-de-vie, il est tout à fait conscient que l'avenir de l'armagnac de tradition est tourné vers l'export.

Armagnac marquis de Montesquiou
Sté des produits d'Armagnac
Route de Cazaubon – 32 800 Eauze
Tél. 05 62 09 82 13 – Fax. 05 62 09 78 14
Sur le boulevard circulaire prendre la D626 direction Cazaubon - Barbotan. L'entrée des chais est à 200 m à droite après la sortie d'Eauze.

DÉGUSTATIONS

Marquis de Montesquiou Impérial XO – 40° – A.O.C. Armagnac

Eau-de-vie ambré clair, aux reflets verts, brillante et limpide.
Le nez est très légèrement esthéré, simple dans son contenu avec surtout des arômes de vanille et de fruits confits (mirabelle).
En bouche, l'attaque est équilibrée; les tanins sont présents mais déjà très ronds; la longueur en bouche est bonne et finit sur des notes de fruits secs et d'épices douces. Armagnac bien réalisé qui peut enchanter les débutants.
À accorder sur un café corsé, ou sur une tarte au citron, un fromage type Roquefort.

Marquis de Montesquiou – « Hors d'âge » – 40° – A.O.C. Armagnac

Eau-de-vie ambré de belle profondeur, aux reflets verts cuivrés, brillante et limpide.
Le nez est fin avec des arômes de rancio et de pruneaux, léger sans exubérance.
En bouche, l'attaque est franche et équilibrée; les tanins sont fondus et les notes de fruits confits et de vanille apportent à l'ensemble une belle tenue; la finale de pruneaux cuits vient donner de la longueur. Une eau-de-vie d'armagnac de caractère, légèrement au-dessus de la moyenne par rapport à son âge, la plus jeune des eaux-de-vie qui entrent dans sa composition a 23 ans.
À accorder sur un dessert aux pommes et pruneaux (le pastis ou la tourtière), ou en simple digestif à déguster pour sa belle complexité.

Marquis de Montesquiou 1971 45.2° – A.O.C. Bas-Armagnac (mise en bouteille octobre 92)

Eau-de-vie ambré clair, aux reflets jaunes-cuivré, brillante et limpide.
Le nez est très alcooleux et riche. Après aération, les notes de pruneaux apparaissent.
En bouche, l'attaque est franche et moelleuse; les tanins sont élégants et procurent des notes de réglisse et de vanille; la finale est longue et racée et reste sur des notes de jeunesse sans trop de rancio.
Parfait pour un déjeuner, sur une salade de fruits, avec une infusion au thym.

Château du Tariquet

Voilà une maison où l'on a le sens de la famille et celui des affaires.
Pour échapper à la dure vie des montagnes, les fils Artaud quittent l'Ariège pour chercher fortune. Ils feront plusieurs voyages vers les États-Unis où il semblait facile de faire de l'argent dans les années 1900. Puis, à force de courage et après bien des difficultés surmontées à la fin de la guerre, Pauline et Jean-Pierre Artaud s'installent définitivement à Tariquet. Hélène, leur fille, épouse en 1946 Pierre Grassa et le jeune couple quitte Bordeaux pour assurer la relève à Tariquet qui ne compte plus à ce moment-là que 5 malheureux hectares de vignes.

Grâce à une dure vie de labeur, le domaine est maintenant dans les mains de leurs enfants, Maïté, Françoise et Yves. Ils perpétuent la tradition de ce domaine qui compte maintenant 134 hectares de vignes et 200 hectares en fermage, et l'exploitent avec les techniques les plus modernes pour la culture et pour l'élaboration des vins. Pierre et Hélène Grassa habitent toujours ce magnifique château du XVIIe siècle car leur cœur y est attaché et ils y puisent toute leur force. À noter que l'alambic armagnacais de Tariquet est encore chauffé au bois, pour garder cette fidélité aux traditions et pour obtenir cette chauffe douce, gage de qualité des eaux-de-vie.

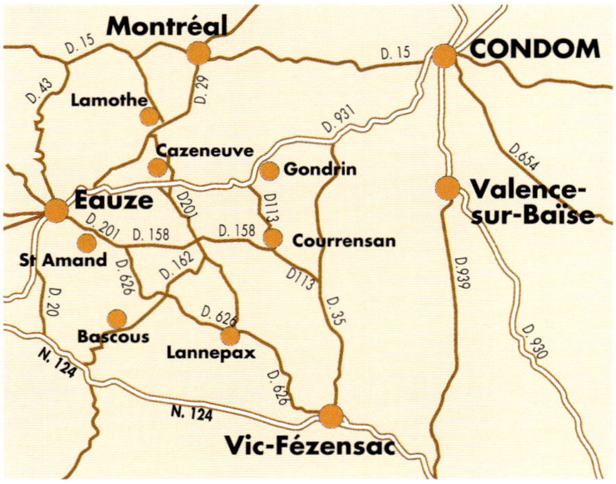

Château du Tariquet
32 800 Eauze
Tél. 05 62 09 87 82 – Fax. 05 62 09 89 49

Sur le boulevard circulaire d'Eauze, prendre direction Condom par la D931; puis prendre direction Lannepax – Vic-Fézensac par la D626. Faire 4,2 km, après le lieu-dit Saint-Armand, prendre à gauche la D158 direction Courrensan et Castéra – Verduzan; à 300 m prendre la première à gauche, faire 1,2 km. L'entrée à droite (grande allée de cailloux blancs), aller tout au fond pour arriver au château.

DÉGUSTATIONS

**Château du Tariquet
« folle blanche » – 6 ans
45° – A.O.C. Bas-Armagnac**

Eau-de-vie ambré léger, aux reflets verts, brillante et limpide.
Le nez est très élégant, sur des notes florales allant de la verveine à la fleur de menthe; nous sommes encore sur des arômes de distillation avec de la mûre poivrée et du coing frais.
L'attaque en bouche est franche; l'eau-de-vie est vive et très vite apparaît une belle rondeur; la note vanille fait penser à un côté exotique et lui donne toute la finesse d'une eau-de-vie de folle blanche.
Parfaite pour le déjeuner, sans lourdeur, sur une terrine d'agrumes en gelée.

**Château du Tariquet
« vieil armagnac XO » – 40°
A.O.C. Bas-Armagnac**

Eau-de-vie ambré, aux reflets légèrement marron, brillante et limpide.
Le nez est peu expressif, plutôt sur la réserve, avec un faible rancio.
En bouche, le premier contact est franc; les tanins sont très puissants et donnent un côté réglissé; la note rancio et pruneau se retrouve aussi; la finale a une certaine longueur; belle eau-de-vie rassise et sans agressivité.
À accorder sur un gâteau au chocolat et à l'orange, ou en digestif après un dîner.

**Château du Tariquet
1975 – 47°
A.O.C. Bas-Armagnac
(mise en bouteille 1996)**

Eau-de-vie topaze profond, de belle intensité, aux reflets verts, brillante et limpide.
Le nez est surtout marqué par la sensation alcooleuse.
En bouche, l'eau-de-vie a beaucoup de personnalité, la sensation alcooleuse passe vite pour laisser la richesse et la structure de l'armagnac s'exprimer; les tanins sont présents mais bien fondus; la note rancio très intense laisse en finale une très longue persistance; belle eau-de-vie digne d'une fin de dîner.
À accorder sur une tarte au citron meringuée.

**Château du Tariquet
1979 – 45°
A.O.C. Bas-Armagnac
(mise en bouteille 1993)**

Eau-de-vie ambré profond, aux reflets verts, brillante et limpide.
Le nez est sur un registre de fleurs exotiques et de bois aromatiques.
L'attaque en bouche est franche, les tanins sont très marqués et donnent du caractère à l'eau-de-vie; même si la structure boisée domine, les épices douces et la réglisse donnent de l'amplitude à l'armagnac.
Pour sa richesse, à accorder sur un cigare de caractère et un beau café de Colombie.

Maison
Veuve J. Goudoulin

Christian Faure, descendant de Mme Veuve J. Goudoulin, a repris en 1964 la société de négoce créée en 1935 par cette femme de caractère. Tout en dirigeant le négoce et un domaine de 20 hectares de vignes, elle a su transmettre à Christian Faure le sens du commerce et l'amour de l'armagnac. Il fait d'ailleurs preuve de beaucoup de sagesse dans la gestion du domaine. J'en veux pour exemple le travail de coupe de qualité de ses eaux-de-vie. Mais pour répondre malgré tout à la très forte demande de millésimes, il sélectionne avec rigueur ses approvisionnements de bas-armagnac et peut sans aucune crainte les présenter comme étant le reflet de cette qualité qu'il a toujours voulu défendre. « L'armagnac de grande qualité », c'est sa philosophie.

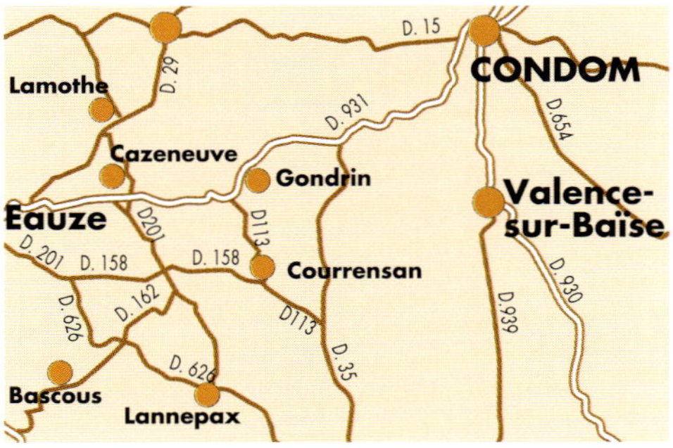

Maison Veuve J. Goudoulin
Courrensan – 32 330 Gondrin
Tél. 05 62 06 35 02 – Fax. 05 62 06 59 46
Sur la D931 entre Eauze et Condom, dans le village de Gondrin, prendre à droite la D113 direction Courrensan – Lannepax – Vic-Fézensac; traverser le village de Courrensan, faire 1,5 km après la sortie du village, pour trouver l'entrée des chais à droite.

DÉGUSTATIONS

Veuve J. Goudoulin Vieil Armagnac 15 ans « Hors d'âge » – 40° A.O.C. Armagnac

Eau-de-vie ambré, aux reflets verts, brillante et limpide.
Nez de pruneaux cuits très riche agrémenté par de la vanille et des épices comme la cannelle.
Après aération, une note beurrée lui apporte beaucoup de noblesse.
L'attaque en bouche est franche; l'équilibre acidité/moelleux est plutôt doux; la note de boisé est très légère et la sensation de tanins apporte du relief à l'ensemble; la finale est sur des pruneaux et le rancio. Une belle eau-de-vie bien structurée qui laisse une agréable sensation de fraîcheur.
À accorder sur une compote de pommes et pruneaux avec glace à la vanille, ou en simple digestif pour ceux qui veulent découvrir l'armagnac.

Veuve J. Goudoulin 1981 – 46° – « Folle blanche » – A.O.C. Bas-Armagnac (mise en bouteille 1994)

Eau-de-vie ambré foncé, aux reflets verts cuivrés, brillante et limpide.
Nez plutôt de fleurs odoriférantes, puis à l'aération apparaissent les notes de café grillé, de prunes fraîches et de camomille. L'attaque en bouche est franche; une légère note de violette se développe et apporte à l'eau-de-vie de la noblesse et du panache; les tanins sont peu marqués mais bien fondus; la finale reste très fraîche et agréable; un peu de vieillissement est nécessaire pour que cette eau-de-vie puisse s'assagir.
À accorder sur une tarte à la mangue caramélisée ou un café assez tannique et riche comme l'arabica de Cuba.

Veuve J. Goudoulin 1973 – 40° – A.O.C. Bas-Armagnac (mise en bouteille 1997)

Eau-de-vie ambré avec de beaux reflets verts, brillante et limpide.
Nez déjà à maturité sur des notes de pruneaux et l'apparition d'un léger rancio; le tout se fond à merveille.
L'attaque en bouche est franche, l'eau-de-vie est ronde et sage; sa provenance de la région de Villeneuve-de-Marsan lui confère peut-être cette souplesse et cette richesse en tanins tout en lui gardant ces sensations mentholées qui apportent de la fraîcheur; la sensation alcooleuse encore présente ne brûle pas; la finale sur la réglisse et le zan est due à un bois encore bien marqué. Parfait pour finir un déjeuner ou avec une crème glacée aux noisettes.

Veuve J. Goudoulin 1942 – 40° – A.O.C. Bas-Armagnac (mise en bouteille 1994)

Eau-de-vie topaze profond, aux reflets marron, brillante et limpide.
Nez très aromatique; c'est une explosion riche de suavité, qui donne déjà un immense plaisir; une note très riche de rancio et de pruneaux et aussi des notes de grillé et de cannelle.
En bouche, l'ensemble est bien équilibré, on peut même dire que l'armagnac est « rassis ». Aucune aspérité ne vient contrarier la dégustation; rondeur et moelleux, des tanins fondus, le pruneau cuit et la note rancio qui viennent tapisser le palais; d'une incroyable longueur, cette eau-de-vie mérite que l'on prenne tout son temps pour la déguster et respecter son grand âge.
Elle vaut un dessert et peut être savourée à la fin d'un dîner accompagnée d'une infusion à la verveine.

Veuve J. Goudoulin 1914 - 40° - A.O.C. Bas-Armagnac (mise en bouteille 1987)

Eau-de-vie ambré profond presque noir, quelques reflets verts, brillante et limpide.
Le nez n'est pas expressif et reste sur la réserve. Par contre, la bouche est d'une grande richesse; la sensation alcooleuse est toujours présente mais sans être brûlante; les tanins sont présents, ils laissent une impression de rondeur et apportent à l'eau-de-vie le rancio et la sagesse; la finale est épicée et longue, elle laisse au palais une petite note de réglisse mentholée et de figues sèches. Magnifique eau-de-vie à respecter pour son âge. À savourer pour elle-même.

La région de Nogaro

Sites à visiter

Circuit automobile de Nogaro
Collégiale romane du XIIe siècle à Nogaro
Fresques romanes à Panjas
Donjon de Thermes d'Armagnac
Musée du Panache Gascon à Thermes d'Arm.

Listes des maisons d'armagnac

Château la Béroje
Armagnac Clé des Ducs
Maison la Croix de Salles
Domaine de l'Hérété
Château de Laubade
Armagnac Samalens
Armagnac Sempé

Cazaubon
Villeneuve-de-Marsan
Castex-d'Armagnac
Estang
Monguilhem
Monlezun-d'Armagnac
Panjas
Toujouse
Eauze
Bourrouillan
Laujuzan
Grenade-sur-l'Adour
Manciet
le Houga
Nogaro
Aire-sur-l'Adour
Urgosse
Sorbets
Barcelonne-du-Gers
Sabazan
Termes d'Armagnac
Aignan
Geaune
Riscle
Plaisance
D. 656
D. 15
D. 934
D. 1
D. 32
D. 626
D. 37
D. 30
D. 152
D. 153
D. 143
D. 125
D. 931
N. 124
D. 6
D. 20
D. 111
D. 108
D. 25
D. 48
D. 2
D. 22
N. 134
D. 935
D. 646
D. 3
D. 946

Château la Béroje

Quel grand moment que cette rencontre avec Bernard L'Huillier !

Ce petit bonhomme à l'œil vif, au verbe facile et à l'allure de guingois me reçoit dans cette vieille demeure de la Béroje, à quelques kilomètres de Le Houga. Nous traversons un long couloir aux murs défraîchis pour arriver dans une immense pièce qui devait faire office de salle à manger.

Ce personnage pittoresque me raconte comment sa famille, originaire de Hautvillers en Champagne, est venue s'installer dans le Sud-Ouest après avoir reçu, en paiement d'une dette, une propriété dans le Midi. Cette grande propriété, de 420 hectares au total, cache à quelques lieues de Le Houga, 15 hectares de vignes propices à l'élaboration d'excellents vins destinés à l'armagnac. Bernard L'Huillier n'est pas un commerçant, mais il sait faire partager son amour pour cette merveilleuse eau-de-vie dont il me retrace l'histoire. Il m'explique comment l'« eau ardente », qui s'appellera plus tard armagnac, soigna la « Pucelle d'Orléans » : son bataillon de soldats du Sud-Ouest, « les cadets de Gascogne », avait apporté son eau-de-vie pour soigner les blessures, et, ainsi, Jeanne d'Arc fut surnommée « l'Armagnacaise ». Bernard L'Huillier est un

homme affable et l'écouter est un réel plaisir. Aussi quand approche le moment de la dégustation, je me dis que si ses eaux-de-vie sont aussi exceptionnelles que ses récits, sa cave renferme d'inestimables trésors. L'impatience me gagne presque. Mais avant d'arriver au chai, avec ses odeurs de champignons, il me faut encore traverser tout un bric-à-brac stocké sans doute juste pour encombrer et me ralentir ! Enfin le trésor, et Bernard L'Huillier me fait voyager d'année en année, toujours en ponctuant par une anecdote tel ou tel millésime. De nombreuses heures se sont écoulées avant que je ne me décide à prendre congé, tout en me faisant la promesse de revenir bientôt pour revivre ces instants magiques qui prouvent que les armagnacs valent le détour.

Bernard L'Huillier
Château la Béroje
32460 Le Houga
Tél. 05 62 08 91 37 – Fax. 05 62 08 91 37

En venant du Houga prendre la D6 direction Mont-de-Marsan. À la sortie du village, prendre la D125 direction Toujouse ; puis à 1,8 km prendre la première route à gauche direction la Béroje. Faire encore 1,8 km, dans un virage à angle droit, une grille en fer forgé et encadrement en pierres de taille, maison tout au bout de l'allée.

DÉGUSTATIONS

Château la Béroje 1986 – 51°
A.O.C. Bas-Armagnac
(toujours sous bois)

Eau-de-vie ambré clair, aux reflets verts, brillante et limpide.
Le nez est simple mais élégant. Nous retrouvons des notes de grillé et de fruits secs (noisette).
L'attaque en bouche est franche ; nous avons une belle eau-de-vie souple et ronde, sans aspérité ni agressivité de l'alcool ; une légère note de rancio, de fruits secs apparaît et on finit sur des épices douces (gingembre confit) ; le fond du verre sent le tilleul.
À accorder sur une tarte aux prunes, ou une infusion au tilleul.

Château la Béroje 1970 – 48°
A.O.C. Bas-Armagnac
(toujours sous bois)

Eau-de-vie ambré profond, aux reflets vieil or, brillante et limpide.
Nez peu expressif et mono-gamme sur le rancio et les épices.
En bouche l'armagnac prend toute son amplitude ; l'alcool est encore présent mais il donne toute la structure de l'eau-de-vie ; grâce à des tanins très présents, on peut dire que l'eau-de-vie a de la mâche et un beau rancio. En finale, lè feu de l'alcool s'éteint et une certaine rondeur s'installe et vient calmer les ardeurs de cet armagnac très long en bouche.
À accorder sur un cigare au goût fort, mais aussi sur un dessert au chocolat noir.

Château la Béroje 1966 – 48°
A.O.C. Bas-Armagnac
(toujours sous bois)

Eau-de-vie ambré soutenu, aux reflets vieux cuivre, brillante et limpide.
Le nez est resté floral et épicé avec une sensation vanillée après aération.
En bouche, l'eau-de-vie garde une belle acidité qui, combinée aux tanins présents et à la sensation alcooleuse, donne à l'armagnac une grande classe ; des notes de fruits secs, de coing compoté et d'épices font de la rétro-olfaction une eau-de-vie encore jeune à la finale souple et ronde. Un grand armagnac comme je les aime, qui se suffit à lui-même et représente l'idéal pour finir une soirée ; on peut toutefois le marier avec un macaron glacé à la pistache.

Armagnac Clés des Ducs

Ces armagnacs appartiennent au groupe Rémy-Cointreau et les chais de vieillissement se trouvent à Panjas, petit village au nord de Nogaro.
M. Gratteau, herboriste réputé de Bayonne qui mit au point la célèbre liqueur « Izarra », créa cette petite société d'armagnac en 1865, pour faciliter ses approvisionnements en eau-de-vie servant à l'élaboration de sa fameuse liqueur. Cette société s'appelle à l'origine « Clos des Ducs ». Mais la législation impose que, pour utiliser le nom de « clos », il faut effectivement un mur clos. En 1960 le nom se transforme en « Clés des Ducs ».

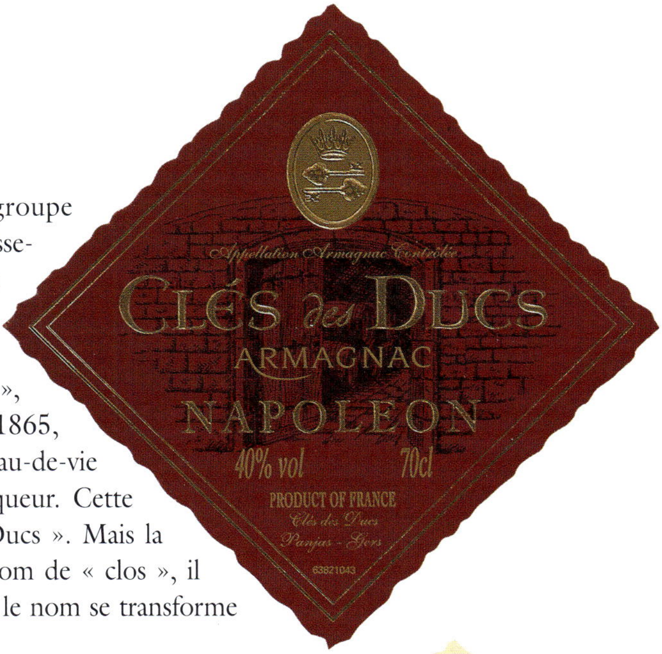

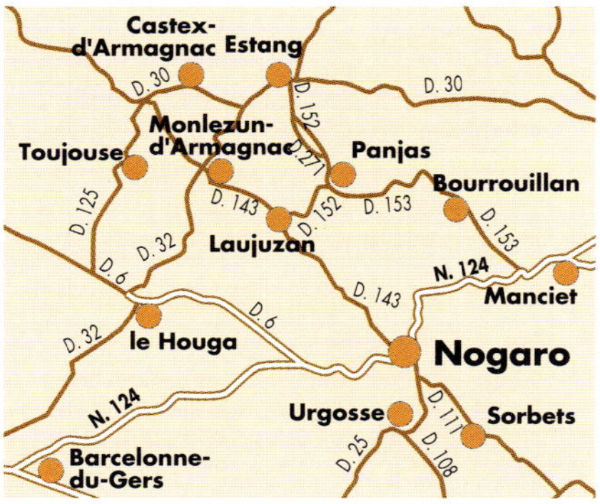

C'est une maison de négoce pur qui ne possède aucune vigne. Des contrats permettent l'approvisionnement en eaux-de-vie jeunes qui sont ensuite élevées dans des chais qui lui sont propres. C'est un gros travail de sélection afin d'apporter le maximum de qualité aux eaux-de-vie. Présente sur le marché de l'exportation, c'est une maison qui est en tête des ventes dans l'Hexagone.

Armagnac Clés des Ducs
32110 Panjas
Tél. 05 62 09 07 21 – Fax. 05 62 09 15 84
Depuis Nogaro prendre la D143 en face de l'église direction Laujuzan. À Laujuzan prendre à droite la D152 direction Panjas. En haut de la côte de Panjas, prendre à gauche après le monument aux morts; faire 700 m sur la D271 direction Estang. Les chais sont à gauche.

DÉGUSTATIONS

Clés des Ducs « 3 étoiles » 40° – A.O.C. Armagnac

Eau-de-vie jaune paille peu profond, brillante et limpide, aux reflets légèrement dorés.
Le nez est très simple mais agréablement floral, avec des fruits blancs bien mûrs.
L'attaque en bouche est franche; c'est une eau-de-vie bien distillée, sans esther ni agressivité; l'armagnac est rond et tendre, on retrouve les notes florales et de fruits comme la prunelle; elle garde à la bouche une note de fraîcheur très agréable apportée par la note de raisins secs (muscat); belle longueur.
À accorder sur des fruits en salade ou des sorbets aux fruits (poires) et à consommer légèrement fraîche entre 14 et 16 °C.

Clés des Ducs « VSOP » 40° – A.O.C. Armagnac

Eau-de-vie ambré clair, aux reflets jaune paille foncé, brillante et limpide.
Le nez est fin, aux arômes compotés de fruits blancs, agrémenté d'une note épicée et boisée légèrement vanillée.
En bouche, l'eau-de-vie est élégante et garde beaucoup de fraîcheur; elle reste sur des notes florales avec une légère amertume en finale comme le pamplemousse rose. C'est une eau-de-vie parfaitement adaptée pour une fin de déjeuner.
À servir un peu fraîche, entre 14 et 16 °C pour exhaler les notes fruitées.
À accompagner d'une tarte aux figues caramélisées.

Clés des Ducs « 25 ans » 40° – A.O.C. Armagnac

Eau-de-vie ambré profond, aux reflets verts, brillante et limpide.
Le nez est complexe et décline différents stades de la palette aromatique; tout d'abord un côté bois brûlé encore chaud, puis des notes rancio et beurrées, enfin un côté fougère séchée, sous bois et mousse.
En bouche, l'attaque est franche; eau-de-vie plutôt sur la rondeur avec une présence tannique très forte; la sensation alcooleuse est très présente mais disparaît vite pour laisser la place au rancio et aux tanins finissant sur la réglisse; belle eau-de-vie complexe, longue en bouche, elle a une belle tenue.
Parfaite en digestif après un dîner et pour initier un débutant à l'armagnac.
À accorder sur un dessert au chocolat et au café.

Clés des Ducs 1973 – 46° A.O.C. Armagnac (mise en bouteille 97)

Eau-de-vie ambré, aux reflets verts, brillante et limpide.
Nez un peu développé, surtout sur des notes vanillées et épicées.
C'est en bouche qu'elle s'exprime le mieux; l'attaque est franche et équilibrée; les tanins sont très présents; la finale est déjà très rancio avec des nuances de violette et de zan; belle longueur d'une eau-de-vie à maturité.
À accorder sur un gratin de poires et pruneaux au sabayon tiède et glace à la pistache, ou en digestif au dîner.

Maison La Croix de Salle

Cachés au cœur de Nogaro, sur la place du Four, les armagnacs Dartigalongue sont de vieille notoriété. Maison fondée en 1838 par Pascal Dartigalongue, sous Louis-Philippe, elle prend vite de l'expansion. Ce n'est que bien plus tard, vers 1870, que Joseph Dartigalongue achète un domaine viticole près de Nogaro, à Salles-d'Armagnac, au lieu-dit « Lacroutz ». À ce moment la maison passera d'un statut de négociant à celui de propriétaire d'armagnac. Elle produit ses propres eaux-de-vie avec 30 hectares de vignes et une distillerie. En 1930, Pierre Dartigalongue, père de Françoise et de

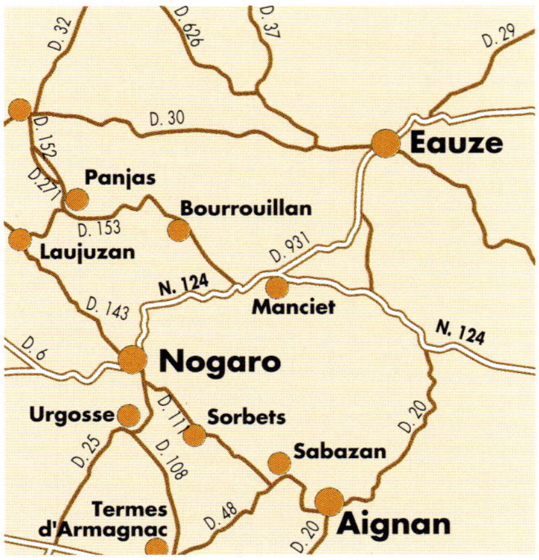

Jean-Pierre, prend les rênes de la maison. On aimait écouter ses récits et les historiens le consultaient souvent pour ses connaissances sur la région et l'armagnac. La maison possède un musée créé en 1978 par Pierre Dartigalongue. Ce musée renferme d'innombrables documents historiques sur la maison et sur les us et coutumes d'antan, sans compter une authentique collection d'armagnacs datant de 1850.

Maison La Croix de Salle – Dartigalongue
Place du Four – 32 110 Nogaro
Tél. 05 62 09 03 01 – Fax. 05 62 09 01 78
Au centre ville, depuis la place Jeanne d'Arc, prendre la place du Four.

DÉGUSTATIONS

Dartigalongue 15 ans
40 ° – A.O.C. Bas-Armagnac

Eau-de-vie ambré soutenu, aux reflets verts, brillante et limpide.
Nez pas très développé qui reste simple avec des arômes vanillés.
En bouche l'attaque est franche. Des notes de rancio et de pruneaux laissent deviner que de vieilles eaux-de-vie ont été mises en œuvre. Longue en bouche, elle reste une référence en matière de bas-armagnac dont l'art de la coupe demeure une affaire d'expérience.
À consommer en simple digestif ou sur une tarte à la pomme tiède accompagnée d'une glace à la cannelle.

Dartigalongue 1959
40 ° – A.O.C. Bas-Armagnac
(toujours sous bois)

Eau-de-vie ambré profond, aux reflets verts, brillante et limpide.
Un nez très vanillé et boisé; une légère sensation esthérée vient en finale, mais disparaît rapidement après aération.
En bouche l'eau-de-vie est souple et ronde; la note de rancio et d'épices est riche et les tanins puissants apportent de la force à ce bas-armagnac; une très belle longueur en bouche avec une sensation boisée pour finir. Parfait pour une fin de dîner avec un grand cigare de caractère.

Dartigalongue 1934
40 ° – A.O.C. Bas-Armagnac
(toujours sous bois)

Eau-de-vie topaze, aux reflets marrons, brillante et limpide.
Nez peu expressif. L'eau-de-vie s'exprime mieux en bouche où elle prend toute son amplitude, allant des notes vanillées et grillées aux notes de rancio et de cannelle.
Bas-Armagnac complet avec une incroyable richesse d'épices en finale (pain d'épice).
Magnifique armagnac qui se suffit à lui-même et peut s'accompagner d'un café du Brésil, doux et puissant.

DARTIGALONGUE
« Cuvée Louis-Philippe »
42 ° – A.O.C. Bas-Armagnac
(160e anniversaire 1838/1998)

Eau-de-vie ambré profond, aux reflets verts, brillante et limpide.
Au nez, on trouve des arômes de pruneaux et cette note de rancio tant recherchée dans les vieilles eaux-de-vie de grande richesse.
En bouche, une sensation de fraîcheur est apportée par des arômes de fleurs blanches suaves et de fenouil confit. Mais les touches boisées et d'épices reprennent rapidement le dessus. Cette eau-de-vie garde une très grande finesse et une belle ampleur en finale. Un armagnac très équilibré, rond et fin.
Une eau-de-vie pour les vrais amateurs de bas-armagnac sans année, à accorder sur un dessert avec de la nougatine ou une tarte Bourdaloue (poires et amandes) ou tout simplement pour prolonger une fin de dîner.

Domaine de L'Hérété

Ce nom proviendrait du pin nommé « l'hérétique ». Pendant le Second Empire, en 1856, un mariage réunit deux familles voisines : la famille Mauriet et la famille Sempé. Cette dernière installe un domaine de 15 hectares en Armagnac, domaine qui en compte aujourd'hui 45. Jean Sempé, conteur à ses moments perdus, aime parcourir la campagne avec ses amis de marche. Être né en 1924 lui donne une vision toute particulière de notre siècle qui se termine. Il se souvient avec émotion des premières machines qui ont remplacé les bœufs dans les champs, les premières sélections de maïs américain (déjà...), les différentes crises de l'armagnac, « les trente glorieuses », de 1950 à

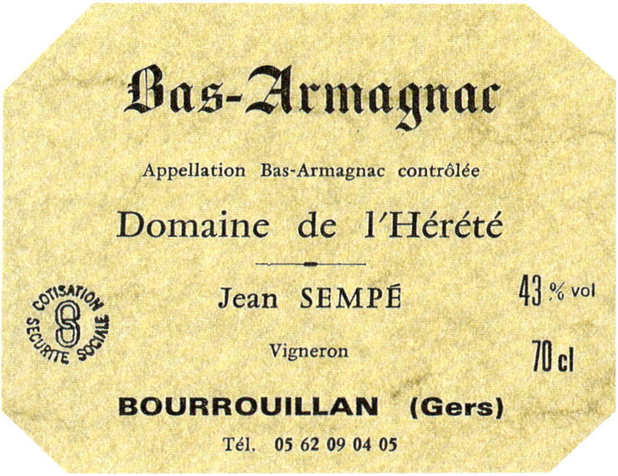

1980, qui donnent à l'armagnac toute son expansion, comment son grand-père vivait dans la misère après la crise du phylloxéra. C'est un vrai plaisir que de l'entendre se souvenir. En 1940, il reprend la propriété familiale fondée sur la polyculture, l'élevage et la vigne qui servait de complément de revenus. En période de guerre, la consommation d'armagnac s'est accrue et les stocks n'étaient pas trop importants, donc le coût financier non plus. Cela a bien changé. Tout naturellement, Jean Sempé me fait déguster une seule eau-de-vie : celle de son année de naissance. Ce fut un grand moment de mes dégustations.

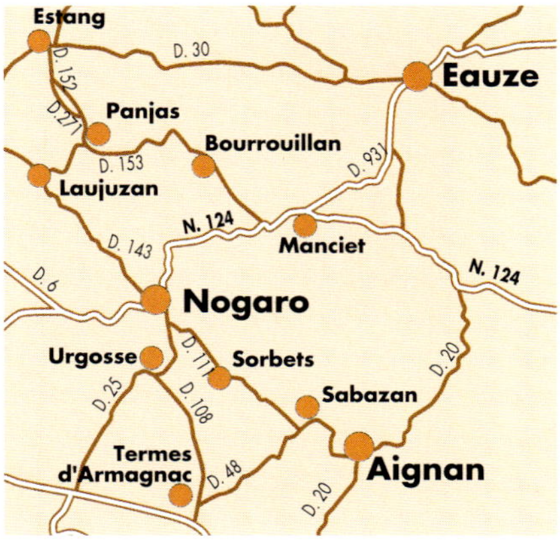

Domaine de L'Hérété
Bourrouillan
32270 Manciet
Tél. 05 62 09 04 05 – Tél. 05 62 09 08 22 (bureau) – Fax. 05 62 69 09 29.
Entre Nogaro et Eauze, sur la N124, à l'entrée de Manciet, prendre direction Bourrouillan sur la D153. Le domaine se situe à 200 m avant l'entrée du village à gauche.

DÉGUSTATION

Domaine de L'Hérété 1924 - 41° - A.O.C. Bas-Armagnac

Eau-de-vie ambré profond, aux reflets verts, brillante et limpide.
Le nez est très aromatique avec des notes de champignons, de rancio et de pruneaux.
L'attaque est fondue et équilibrée, les tanins sont souples; les arômes de rancio, de pruneaux et d'épices tapissent agréablement le palais; la finale est superbe avec des notes doucereuses et très prononcées de rancio et d'épices; on peut dire que c'est une eau-de-vie « rassise », sans agressivité et de grande sagesse, elle laisse une sensation très longue en bouche.
Un vrai digestif qui n'a besoin de rien pour s'accompagner, sauf de beaucoup de temps pour bien l'apprécier.
Cette eau-de-vie a le même âge que Jean Sempé et elle lui ressemble.

Château de Laubade

À quelques kilomètres de Nogaro, le village de Sorbets possède son château. Magnifiquement planté au beau milieu de 105 hectares de vignoble, le château de Laubade a été construit par la famille Noullens, dont le fils fut sénateur sous la IIIe République. De 1944 à 1974, le château connut de multiples successions.

Jean-Jacques Lesgourgues sillonne le Sud-Ouest pour commercialiser le maïs. En 1974, il découvre le château complètement à l'abandon et pillé. Il décide de lui redonner du panache et de lui rendre sa place parmi les grands noms du Bas-Armagnac. Durant huit années, il s'impose un grand sacrifice : il distille sans jamais vendre une seule goutte d'armagnac, afin de constituer une eau-de-vie de grande qualité. Puis il confie à Michel Bachoc la responsabilité du domaine. Homme de terrain, c'est aussi un technicien à la recherche de la perfection et qui se remet toujours en cause pour améliorer la qualité de ses produits. C'est ainsi que le Château de Laubade aura les plus gros stocks d'eaux-de-vie de qualité et pourra laisser le temps faire son œuvre. 2 100 pièces (une pièce = 400 litres) vieillissent ainsi à Laubade. Jean-Jacques Lesgourgues souligne l'importance du coût financier, car il ne faut

pas oublier que, sans les stocks, l'armagnac ne serait plus vraiment ce trésor que l'on nous envie. Le Château de Laubade vit presque en autarcie : de la vigne au vin, en passant par la distillation en alambic armagnacais, jusqu'aux pièces de bois façonnées par son propre tonnelier. Le Château de Laubade possède des eaux-de-vie jeunes et non assemblées qui, dans quelques décennies, donneront au Bas-Armagnac ces belles bouteilles qui charment notre palais.

Château de Laubade
32110 Sorbets
Tél. 05 62 09 06 02 – Fax. 05 62 69 08 62
À Nogaro prendre la D25 direction Riscle. À la sortie de Urgosse, prendre la D108 direction Termes d'Armagnac; le château est à droite de cette départementale.

DÉGUSTATIONS

Château de Laubade
VSOP – 40°
A.O.C. Bas-Armagnac
(mise en bouteille mars 97)

Eau-de-vie ambré clair peu profond, aux reflets verts, brillante et limpide.
Nez très odorant avec des arômes de bouquet de fleurs, de fruits blancs et une note légèrement épicée (élevage);
En bouche l'alcool est peu présent, l'armagnac est rond et souple et les notes florales ressortent. Sans grande amplitude mais bien réalisée, cette eau-de-vie a une belle finale plaisante qui finit sur des épices.
Armagnac à boire par temps chaud, à la température de 16 °C ou sur des petits choux ou fruits à la crème anglaise.

Château de Laubade
1982 « baco » – 45°
A.O.C. Bas-Armagnac
(mise en bouteille oct. 96)

Eau-de-vie ambré clair, aux reflets verts, brillante et limpide.
Le nez est puissant avec une dominante de cuir et des arômes d'humus, puis viennent les notes d'élevage avec des épices et du bois grillé finissant sur une note légèrement esthérée.
En bouche, l'eau-de-vie est franche; l'alcool est présent mais sans excès et cette eau-de-vie garde son caractère aromatique.
Un vrai digestif pour finir un bon repas; à boire aussi sur un bleu de Bresse, crémeux avec du caractère.

Château de Laubade
1977 – 40°
A.O.C. Bas-Armagnac
(mise en bouteille janv. 97)

Eau-de-vie ambré vieux cuivre, aux reflets verts, brillante et limpide.
Le nez est alcooleux, mais après aération, les notes de rancio et d'épices douces apparaissent (safran); viennent ensuite des arômes plus complexes de grillé et de fruits secs.
L'attaque en bouche est franche, la sensation alcooleuse plus présente. Une note poivrée et mentholée (résineux) donne à l'eau-de-vie une finale aérienne enrichie par les tanins en fin de bouche.
Bas-Armagnac très long, à associer à des desserts frais, tel qu'un macaron glacé à la réglisse.

Armagnac 1945 – 40°
Sté Commerciale du Château de Laubade
A.O.C. Armagnac
(mise en bouteille oct. 96)

Eau-de-vie topaze foncé, aux reflets cuivrés, brillante et limpide.
Le nez est puissant et riche, de fruits secs et de notes beurrées épicées.
En bouche l'eau-de-vie est sans agressivité, ronde et moelleuse. Le rancio est à son apogée et on trouve également quelques notes boisées et de vieux cuirs.
La finale est incroyablement longue et on garde sur le palais le goût unique d'une belle et grande eau-de-vie d'armagnac.
À déguster en fin de dîner, avec un beau cigare de grand module ou sur un dessert à base de pruneaux macérés aux épices et au vin rouge accompagné d'une glace à la vanille.

Armagnac Samalens

La famille Samalens, installée depuis le XVIe siècle à Laujuzan comme tonnelier, vigneron et distillateur, présente une particularité qui rend très complexe son arbre généalogique : en effet, tous les hommes de la famille (et ils sont nombreux car peu de filles ont vu le jour) portaient le même prénom : Jean.

Ce sera donc « le » Jean né en 1847, qui, en s'associant en 1882, avec un financier, Jean Segaud, fondera la maison de négoce d'armagnac, qui, depuis plus d'une centaine d'années, ne sélectionne que des bas-armagnacs. Pierre Samalens me reçoit dans la distillerie de Laujuzan ; tout en me montrant ses superbes alambics, il me fait part de ses projets d'avenir qui vont lui permettre de contrôler de plus près la qualité des vins qui servent à la distillation. Cette très honorable maison continue de ne sélectionner ses vins que dans le Bas-Armagnac. Malgré les quatre à six mois que Pierre Samalens passe à voyager d'un continent à l'autre pour porter la bonne parole pour ses eaux-de-vie, il n'en reste pas moins un homme de terrain qui se bat

pour sa région. Il trouve toujours un moment à vous consacrer afin de vous faire découvrir, en toute simplicité et avec bonne humeur, les merveilleuses eaux-de-vie, rondes et amples, pleines de suavité, parmi lesquelles chacun trouvera sa propre référence. Pendant ce temps, son cousin, Philippe, qui gère toute la partie technique de l'entreprise, s'occupe de veiller sur les dizaines de pièces dont il a la responsabilité.

Armagnac Samalens
Pierre Samalens – 32 110 Laujuzan
Tél. 05 62 09 14 88 – Fax. 05 62 09 04 60
Dans le village prendre la D152 direction Panjas – Estang. Les chais sont à 300 m sur la droite.

DÉGUSTATIONS

Samalens « Vieille Relique » – 42 ° A.O.C. Bas-Armagnac

Eau-de-vie ambré, aux reflets cuivrés, brillante et limpide. Le nez encore riche et fougueux fait apparaître, après aération, ses notes de rancio intense qui font la richesse des bas-armagnacs de plus de 15 ans. Des arômes de vanille apparaissent en support de la même façon qu'une épice dans un plat cuisiné. En bouche, l'attaque est franche avec un bel équilibre entre l'acidité et le moelleux de l'eau-de-vie. Une note finale de réglisse et de zan apportée par l'élevage en chêne de la région lui confère toute sa typicité. La finale est très complexe, sur le cuir, le fenouil, l'anis, avec une note de verveine-mentholée qui donne un côté aérien, et rend l'eau-de-vie élégante et longue en bouche. Une superbe eau-de-vie pour les débutants qui ne sont pas encore attachés à un millésime.
À accorder sur une infusion de thym frais citronnée ou sur une tarte aux prunes et frangipane.

Samalens 1966 – 44.5 ° A.O.C. Bas-Armagnac (mise en bouteille janv. 95)

Eau-de-vie ambré soutenu, aux reflets verts, brillante et limpide.
Le nez est légèrement esthéré; des arômes de champignons, de sous-bois, apparaissent pour finir sur un très beau rancio très intense qui fait de cette eau-de-vie un superbe armagnac. En bouche, l'eau-de-vie n'apporte pas de sensation alcooleuse, mais plutôt du moelleux et de la suavité; les tanins ronds sont encore présents; la note de champignon (petits mousserons) du nez est toujours présente, ainsi que le côté pruneau compoté aux zestes d'oranges et une légère note anisée.
La finale est d'une incroyable longueur, sans aspérité, mais avec du caractère et nous laisse un immense plaisir.
À consommer en digestif seul, mais aussi sur un beau cigare.

Samalens 1900 – 42 ° A.O.C. Bas-Armagnac (mise sous verre en 1957)

Eau-de-vie à la couleur ambrée de belle intensité, les reflets sont verts, l'eau-de-vie est brillante et limpide.
Le nez aux arômes de café fraîchement grillé part rapidement sur un registre de pruneaux compotés avec de la vanille, le tout fondu et sans agressivité. La bouche est franche, les tanins encore présents sont assagis. L'eau-de-vie est veloutée, très rancio, avec des notes de pruneaux, riche et élégante et toute en finesse. Longue sur le palais, elle finit sur du tabac blond et une note de musc. À boire pour elle-même à la fin d'un dîner; on peut aussi l'accompagner d'une infusion ou d'un cigare du type grand Corona.

Samalens « Relique du Siècle » 100 ans – 40 ° A.O.C. Bas-Armagnac

Eau-de-vie ambré très intense aux reflets marron-vert, brillante.
Le nez est très rancio, pruneaux, avec une légère note iodée. On prend beaucoup de plaisir à mettre et remettre son nez au-dessus du verre pour apprécier toute la richesse et la douceur de cette eau-de-vie.
En bouche, elle nous envoûte par son amplitude, sa noblesse et son panache, tout comme un mousquetaire déclarant sa flamme. La finale de pruneaux et de rancio est l'exemple type d'une eau-de-vie que l'on dira « rassise », longue en bouche elle finit sur une sensation exotique et de vieux cuir.
Cette magnifique eau-de-vie, présentée dans son écrin Baccarat, composée uniquement de bas-armagnac du siècle dernier, remplace avantageusement un dessert pour tous les amateurs de sensations uniques. Elle peut éventuellement s'accompagner d'un morceau de chocolat noir et d'un cigare grand module.

Armagnac Sempé

Cette maison de négoce, située juste derrière la cave coopérative à Aignan, porte depuis 1934 le nom de son fondateur, M. Abel Sempé, sénateur. Il a créé ce négoce afin de sélectionner les armagnacs, et grâce à ses fonctions, le promouvoir au mieux. Toutes ces eaux-de-vie accumulées au cours des années sont aujourd'hui la propriété de M. Thenon, qui s'occupe à plein temps de l'armagnac.

En 1997, il a acheté la maison de négoce qui devait faire face à des difficultés financières engendrées essentiellement par un stock très important. Les plus vieilles eaux-de-vie datent de 1893. Il est rare de rencontrer de tels millésimes et on comprend aisément le coût d'un tel stockage. La Maison Sempé réalise 50 % de son chiffre d'affaires à l'exportation et contribue ainsi, comme beaucoup d'autres, à représenter avantageusement la France à l'étranger. M. Pujau est maître de chai depuis 1982 et il est responsable de plus de 1 000 pièces (1 pièce = 400 litres) d'armagnac qui sommeillent tranquillement, afin de donner à l'eau-de-vie toute sa valeur ajoutée. Les armagnacs Sempé proposent aussi de merveilleux emballages qui peuvent faire le bonheur des collectionneurs.

Sté des Armagnacs Sempé
32 290 Aignan
Tél. 05 62 09 24 24 – Fax. 05 62 09 21 34
À Nogaro, prendre la D25 puis la D111 direction Aignan ; bifurquer sur la D48 en gardant la direction d'Aignan ; en entrant dans le village, à droite juste derrière la cave coopérative.

DÉGUSTATIONS

Armagnac Sempé « Napoléon » 40 ° – A.O.C. Armagnac

Eau-de-vie ambré, aux reflets verts, brillante et limpide
Le nez est sur des registres de fruits blancs et reste sur des notes de jeunesse.
En bouche l'attaque est franche avec une belle rondeur bien réalisée ; la note alcooleuse est riche mais sans agressivité ; la finale laisse apparaître une note boisée et vanillée très prononcée ce qui donne à l'eau-de-vie une certaine personnalité.
À accorder sur un dessert à base de fruits, ou en digestif au déjeuner.

Armagnac Sempé 1982 – 40 °
A.O.C. Bas-Armagnac
(mise en bouteille 11/96)

Eau-de-vie ambré profond, aux reflets verts, brillante et limpide.
Le nez est complexe, avec des notes vanillées, grillées et boisées, mais aussi de fruits blancs compotés et termine sur de l'anis vert.
En bouche, elle a encore beaucoup de fraîcheur et a gardé une belle présence alcooleuse ; les tanins sont fins, mais la note boisée ne domine pas ; ce sont plutôt les arômes de rancio et pruneaux qui donnent à l'eau-de-vie toute sa grandeur ; finale grasse et onctueuse. Longue en bouche. Belle eau-de-vie à accorder avec une infusion pour une fin de déjeuner, ou sur un Florentin au chocolat et orange.

Armagnac Sempé 1968 – 42 °
A.O.C. Bas-Armagnac
(mise en bouteille 1/97)

Eau-de-vie ambré très profond, aux reflets verts, brillante et limpide.
Le nez est très intense avec des notes de rancio et d'épices (pain d'épice).
L'attaque en bouche est franche, avec une présence alcooleuse riche qui structure l'ensemble de l'eau-de-vie ; les tanins sont encore présents ; l'eau-de-vie a la longueur et la rondeur dignes des belles eaux-de-vie d'armagnac ; la finale est sur le rancio et les épices.
À accorder sur un café léger ou une infusion de tilleul et menthe ou tout simplement à boire en digestif.

La région de Cazaubon, Barbotan-les-Thermes

Sites à visiter

- Thermes de Barbotan
- Église romane à Estang
- Arènes en bois couvertes à Estang
- Clocher gothique à Mauvezin d'Armagnac

Listes des maisons d'armagnac

- Domaine Boingnères
- Château de Briat
- Domaine de Caumont
- Château Laballe
- Domaine Laberdoliye
- Domaine de la Coste
- Domaine de Luquet
- Domaine de Paguy

D. 626
Roquefort
D. 656
D. 933
D. 381
D. 656
St Justin
D. 933
Pagny
D. 11
St Julien-
d'Armagnac
D. 35
Gabarret
D. 932
D. 933
Labastide-
d'Armagnac
Betbezer-
d'Armagnac
D. 381
Briat
Barbotan-
les-Thermes
D. 934
D. 626
Mauvezin-
d'Armagnac
D. 656
D. 15
D. 36
D. 15
Le Frêche
D. 11
Villeneuve-
de-Marsan
Cazaubon
Parleboscq
D. 1
D. 33
D. 32
D. 626
D. 37
D. 1
D. 33
Estang
D. 30
D. 30
Eauze
D. 30
Monguilhem
Lias-
d'Armagnac
Bourrouillan
Grenade-
sur-l'Adour
Panjas
Laujuzan
D. 934
D. 931
D. 6
D. 32
N. 124
N. 124
N. 124
Le Houga
D. 6
Nogaro
N. 124
D. 32
N. 124
Aire-sur-
l'Adour
D. 25
Aignan
D. 935
D. 2

Domaine Boingnères

Recevoir en héritage un domaine en Armagnac n'est pas « la flamme » la plus facile à reprendre. Martine Lafitte l'a découvert après le décès de son père en 1994, d'autant que ce domaine est transmis de génération en génération. Le 20 juin 1807, l'aïeul de la famille, Jean Boingnères, l'acheta et le transmit à Jean-Baptiste Boingnères. Mais c'est Jean Lafitte, militaire de carrière et originaire de Labastide-d'Armagnac, qui, en épousant Marguerite Boingnères, prit le contrôle en 1953 de l'exploitation située à Le Frêche et lui donna l'expansion nécessaire pour en faire aujourd'hui un des domaines d'armagnac les plus présents sur les meilleures tables du monde.

Ce domaine possède 22 hectares de vignes dans le « Grand » Bas-Armagnac, dont 11 hectares de cépage folle blanche. Ce cépage est la spécificité du domaine de Boingnères depuis 1966.

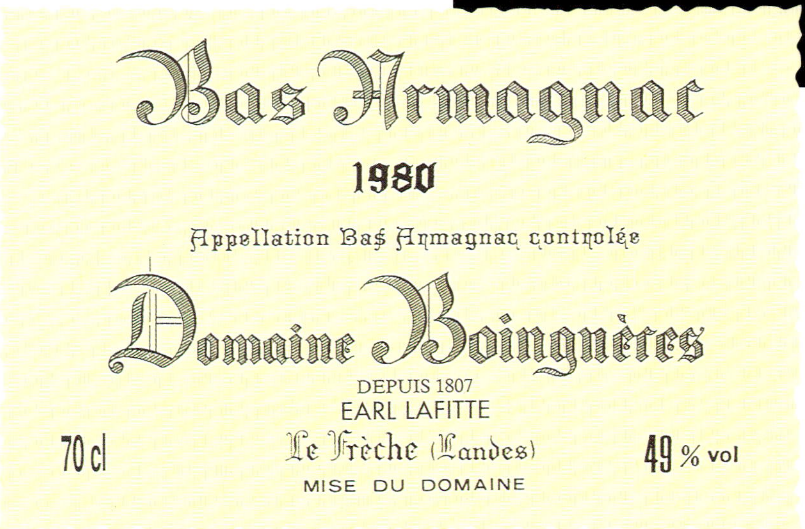

M. Lafitte achète en 1975 son propre alambic armagnacais de type Sier afin de maîtriser au mieux sa distillation. Les eaux-de-vie titrent 53 ° à la sortie de l'alambic et sont vendues non réduites entre 46 ° et 49 °.
Avec les merveilleuses eaux-de-vie laissées en héritage, Martine Lafitte est assurée que l'âme de son père restera longtemps parmi nous.

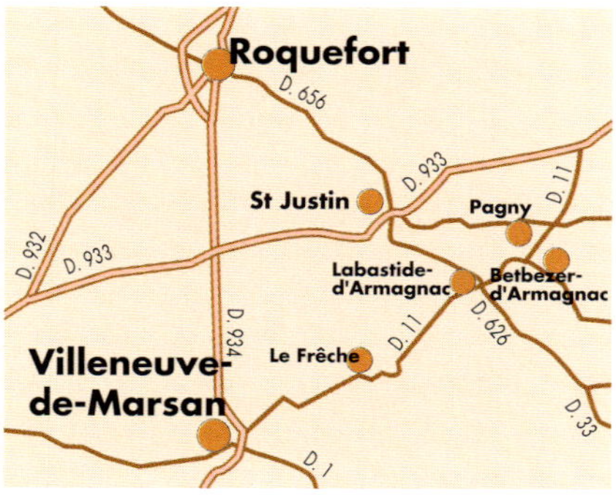

Martine Lafitte
Domaine Boingnères – 40240 Labastide-d'Armagnac
Tél. 05 58 44 80 28 – Fax. 05 58 44 69 71
À Saint-Justin depuis la D933 prendre la D626 direction Labastide. En arrivant dans le village, prendre direction Le Frêche par la D11. Maison à 100 m sur la gauche (maison blanche avec portail en fer forgé et portes de garage vertes).

DÉGUSTATIONS

Domaine Boingnères
« Folle blanche » 1980
49 ° – A.O.C. Bas-Armagnac
(toujours sous bois)

Eau-de-vie ambré clair, aux reflets cuivrés, brillante et limpide.
Nez aux arômes épicés et de vanille. Des notes de fruits blancs cuits ressortent. L'eau-de-vie, tout en gardant une belle puissance, a une certaine élégance et de la fraîcheur. En bouche, la sensation chaleureuse de l'alcool disparaît pour laisser place à la finesse de l'armagnac. Une légère note de bois chaud ressort avec les épices (noix de muscade). Longue en bouche, elle se termine sur ses arômes d'eau-de-vie jeune (distillation).
À servir au déjeuner à ceux qui ne recherchent pas les vieux armagnacs, sur une tarte sablée aux agrumes et un mirliton de fruits.

Domaine Boingnères
« Folle blanche » 1978 – 48 °
A.O.C. Bas-Armagnac
(toujours sous bois)

Eau-de-vie ambré clair, aux reflets verts, brillante et limpide.
Le nez est épicé avec des touches de vanille et de bois, avec aussi de la réglisse et du zan.
L'attaque en bouche est puissante, à la fois ronde et souple. Une dominante de réglisse et une sensation d'eau-de-vie rassie la rendent intéressante.
À servir sur un croustillant de poire caramélisée et glace à la réglisse.

Domaine Boingnères
1976 – 48 °
A.O.C. Bas-Armagnac
(toujours sous bois)

Eau-de-vie ambré soutenu, aux reflets verts, brillante et limpide.
Le nez est élégant et épicé ; les notes de rancio sont puissantes ; c'est un très grand armagnac par ses sensations olfactives.
En bouche la sensation alcooleuse n'est pas dominante, mais c'est le rancio qui domine, puis arrivent les notes de bois et de pruneaux secs, puis de beurre cuit caramélisé. Eau-de-vie de belle longueur en bouche.
À accorder sur une tarte au nougat et pommes compotées, ou juste pour une fin de déjeuner.

Domaine Boingnères
1964 « Baco » – 48 °
A.O.C. Bas-Armagnac
(toujours sous bois)

Eau-de-vie ambré foncé, avec encore des reflets verts chatoyants, brillante et limpide.
Le nez est d'une grande complexité, avec des arômes de fruits secs, du coing compoté, des amandes grillées, de la vanille et de la réglisse.
En bouche, l'armagnac est à maturité ; il est rond, moelleux et chaleureux à la fois et on retrouve les arômes de coing, de fruits secs… Une petite note de rancio apparaît mais sans dominer car le bois n'est pas encore tout à fait fondu. Une superbe eau-de-vie, complexe et suave.
À servir pour elle-même, ou sur un chausson aux figues fraîches et pommes à la crème anglaise et noix de cajou caramélisées.

Château de Briat

Construit en 1540 par Jeanne d'Albret, mère du « bon roi Henri », le château de Briat est situé à la sortie du village de Mauvezin. Ce sera le pavillon de chasse du futur roi Henri IV. Magnifiquement restaurée, la partie la plus ancienne est remarquablement mise en valeur par les propriétaires actuels. Gilles de Luze reçut ce château de sa grand-mère maternelle, née de Pichon-Longueville. Cette famille en fit l'acquisition en 1864 et ce patrimoine ne la quittera pas. Au XVIIe siècle, le château comprenait environ 58 hectares de vignobles. Il n'en compte malheureusement

plus que sept, plantés en folle blanche, baco 22A et colombard, tous de vieilles souches. Chacun de ces cépages apporte à l'eau-de-vie ses propres notes et caractéristiques. Gilles de Luze participe de façon active à la distillation effectuée par un bouilleur de cru, qui, chaque année, vient prendre place dans la cour du château. Gilles de Luze s'est installé définitivement au château en 1982 avec toute sa famille. Depuis, il fait vieillir ses eaux-de-vie, riches et prometteuses, comme le sont celles de cette région du Bas-Armagnac. Le stock de vieilles eaux-de-vie est malheureusement épuisé. Mais, malgré leur relative jeunesse, les eaux-de-vie de Gilles de Luze pourront enjôler vos papilles.

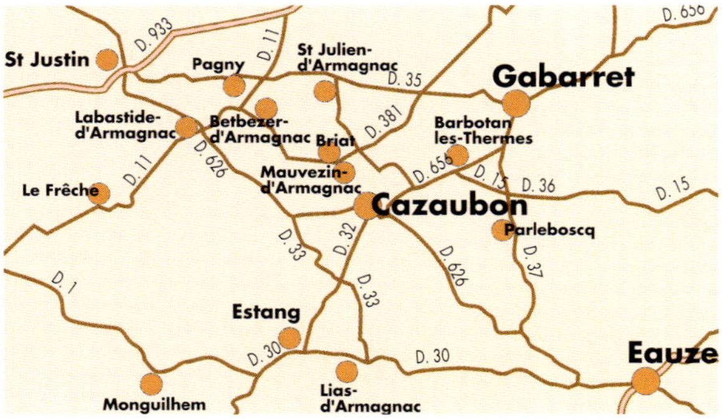

Château de Briat
Gilles de Luze
40240 Mauvezin-d'Armagnac
Tél. 05 58 44 81 37 – Fax. 05 58 44 85 07
À la sortie du village de Mauvezin sur la D381 en direction de Labastide-d'Armagnac, vous trouverez l'entrée du château sur votre droite.

DÉGUSTATIONS

Château de Briat 1982 – 47.2° – A.O.C. Bas-Armagnac (toujours sous bois)

Eau-de-vie topaze soutenu, aux reflets verts, brillante et limpide. Le nez est complexe; on dénote des arômes d'épices douces, telle la vanille due à l'élevage, une sensation légèrement beurrée allant vers le rancio léger.
En bouche, l'attaque est franche et équilibrée; la sensation alcooleuse, riche, ne dérange pas pour autant, et donne plutôt une sensation grasse et onctueuse; la note boisée ressort bien en finale; nous avons une eau-de-vie de qualité, avec des sensations de café grillé et très cacaotées après aération; une légère amertume apporte du relief à l'eau-de-vie qui reste longtemps en bouche.
À accorder sur un dessert à base de glace à la vanille, comme une omelette norvégienne.

Château de Briat 1981 – 46° – A.O.C. Bas-Armagnac (toujours sous bois)

Eau-de-vie ambré de belle intensité, aux reflets verts, brillante et limpide.
Le nez est très exubérant et offre plusieurs registres aromatiques; nous avons au début des notes de pêches très mûres qui donnent beaucoup de classe à l'eau-de-vie; après aération on trouve les épices de l'élevage (vanille et cannelle) et on termine sur des arômes de champignons et d'humus.
L'attaque en bouche est franche et équilibrée; l'eau-de-vie est très onctueuse et moelleuse; son fort pourcentage de baco 22 A lui procure beaucoup de grandeur; la sensation alcooleuse ne dérange pas malgré ses 46°; la finale est sur des notes de grillé, de cacao et d'épices, mais garde beaucoup de fraîcheur; les tanins fondus restent tout de même présents, mais sans excès.
À accorder en fin de repas sur une fourme d'Ambert ou comme digestif avec une infusion de tilleul ou verveine frais.

Domaine de Caumont

Quatre générations se succèdent au domaine de Caumont. La famille Dambeille va acquérir ce domaine au début des années 1800, situé à Lias, dans la région de production des bas-armagnacs. Roger Bourdens, l'actuel descendant, exploite ces 30 hectares de vignes situés dans la région vallonnée entre Estang et Le Houga. C'est avec un mélange de fierté et de nostalgie que M. Bourdens passe la main à sa fille, elle-même très attachée à la terre et aux pièces d'armagnac qui constituent son héritage. Avant d'être producteur en Armagnac, Roger Bourdens avoue être à l'origine du premier élevage de dindons avec M. Guillemard qui lança la célèbre marque « Père Dodu ». Toutes ces années passées dans le monde des affaires et en négociations perpétuelles avec les banques lui ont donné une certaine ouverture d'esprit et une certaine philosophie de la vie. Roger Bourdens vinifie ses vins. Il les confie ensuite à un distillateur.

Les eaux-de-vie blanches reviennent enfin au domaine afin de sommeiller longtemps, non réduites, pour devenir riches et pleines de saveur. Avec le recul et l'expérience, il n'a qu'un seul regret : ne pas avoir gardé quelques pièces d'eau-de-vie de Bas-Armagnac d'avant 1976.

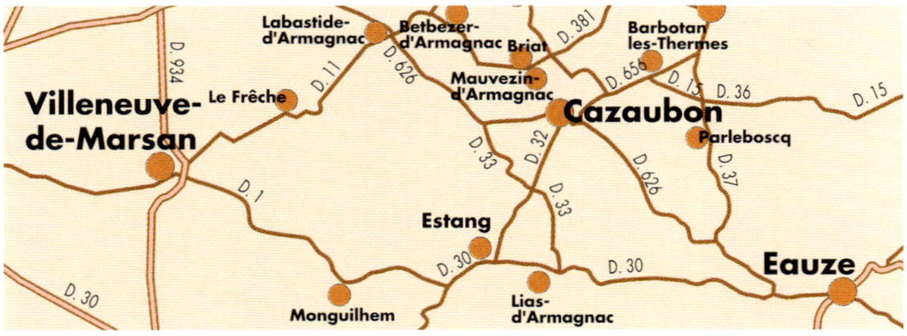

Domaine de Caumont
M. et Mme Roger Bourdens
32240 Lias d'Armagnac
Tél. 05 62 09 63 95 – Fax. 05 62 08 70 14
À Villeneuve-de-Marsan prendre la D1 direction Eauze. À Monguilhem, prendre direction Cazaubon – Estang par la D30. Traverser Estang et faire 2,1 km après la sortie du village sur la D30 direction Lias. Rentrer dans le bourg, le traverser direction le château, faire 600 m et prendre à droite entre deux colonnes en pierre qui marquent l'entrée du domaine.

DÉGUSTATIONS

Domaine de Caumont
VSOP – 44°
A.O.C. Bas-Armagnac

Eau-de-vie topaze profond, aux reflets verts, brillante et limpide.
Le nez est très rancio, pruneau, avec une touche de vanille.
L'attaque en bouche est franche, avec une belle vivacité ; les tanins sont très riches et puissants ; la sensation alcooleuse ne se ressent pas trop dans l'ensemble ; la rétro-olfaction fait apparaître des notes cacaotées, de torréfaction, et on retrouve les arômes de rancio, beurré au nez ; la finale reste sur la note boisée et termine sur le zan ; bas-armagnac de caractère, bien distillé.
À accorder sur un croustillant aux poires et crème anglaise chocolatée.

Domaine de Caumont
1982 – 44°
A.O.C. Bas-Armagnac
(toujours sous bois)

Eau-de-vie ambré profond, aux reflets verts, brillante et limpide.
Le nez est élégant et fait ressortir des arômes de vanille, d'épices, de cannelle, agrémentés d'une note de pruneaux intense.
L'attaque en bouche est franche et équilibrée ; la sensation alcooleuse est puissante mais pas agressive ; les tanins sont toujours présents mais fondus ; la rétro-olfaction donne des arômes poivrés, comme des baies de genièvre, de la torréfaction, et une note de rancio très intense ; la finale est très intense et longue, finissant sur une petite amertume qui n'est pas désagréable et qui donne du volume à l'eau-de-vie.
À accorder en fin de déjeuner sur un café type arabica, ou sur un macaron au chocolat.

Domaine de Caumont
1979 – 44°
A.O.C. Bas-Armagnac
(toujours sous bois)

Eau-de-vie ambré très profond, aux reflets verts, brillante et limpide.
Le nez est légèrement esthéré au début ; cette sensation s'atténue rapidement pour laisser la place à des arômes de cacahuète et de torréfaction.
L'attaque en bouche est franche et très bien équilibrée ; la sensation alcooleuse est très bien fondue dans la richesse de cette eau-de-vie ; les tanins sont encore présents et riches et donnent à l'eau-de-vie beaucoup de rondeur et de moelleux ; la rétro-olfaction fait apparaître ces arômes de café grillé, de cacahuète pour finir sur une touche de zan ; la finale est très longue et tapisse longtemps le palais. Eau-de-vie de caractère.
À accorder sur une infusion verveine-menthe ou un gâteau basque au citron.

Domaine de Caumont
1976 – 44°
A.O.C. Bas-Armagnac
(toujours sous bois)

Eau-de-vie ambré profond, aux reflets verts, brillante et limpide.
Le nez est d'abord esthéré, puis viennent les arômes de rancio et de cannelle.
L'attaque en bouche est franche et de belle vivacité ; la sensation alcooleuse est très riche mais pas brûlante ; les tanins sont peu présents et déjà fondus ; la rétro-olfaction laisse apparaître des arômes épicés, une légère sensation « terreuse », comme la gentiane, et une finale de bois grillé ; une légère amertume en finale donne à l'eau-de-vie tout son caractère et sa typicité et laisse au palais beaucoup de longueur et une belle sensation.
À accorder sur une tarte à l'orange et compote de pommes et pruneaux, ou en digestif au dîner.

Château Laballe

Le magnifique château de Laballe fut acquis en 1820 par Jean-Dominique Laudet qui avait fait fortune dans les îles avec le commerce des épices. À cette époque, le château, composé de huit métairies, possédait plus de 600 hectares exploités en polyculture : on y trouvait du blé, de l'élevage, une briqueterie et des alambics. Limitrophe entre le Gers et les Landes, le château de Laballe est situé sur la commune de Parleboscq, non loin de Barbotan et de Gabarret. Différentes successions ont ramené sa capacité à 140 hectares, dont 16 de vignes. Noël Laudet exerçait ses talents auprès du Château

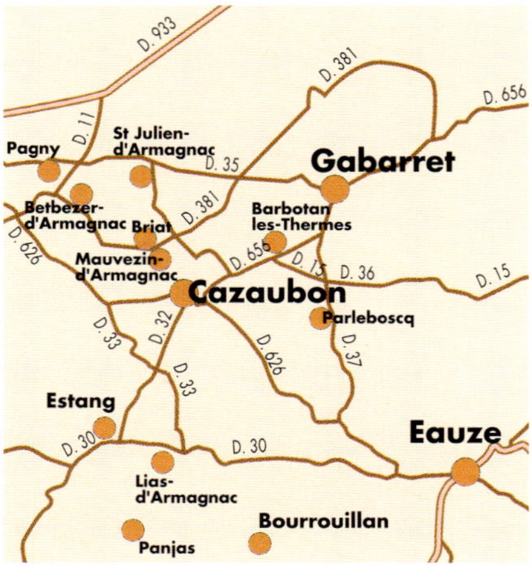

Beychevelle à Saint-Julien. Après le décès de son oncle, il met ses notions de viticulture au service de Château Laballe. Seulement deux à trois pièces d'eau-de-vie sont distillées annuellement et stockées dans du bois neuf. L'ugni blanc règne ici en maître comme dans la région d'Armagnac.

Château Laballe
M. Noël Laudet
Parleboscq – 40310 Gabarret
Tél. 05 58 44 33 39 – Fax. 05 58 44 92 61
À Gabarret prendre la D656 direction Parleboscq, puis, suivre la D37 jusqu'au village de Parleboscq; traverser le bourg en direction d'Eauze par la D37; faire 1,2 km après la sortie, le château est à droite, et les bureaux 500 m plus loin, également à droite du vieux moulin.

DÉGUSTATIONS

Château Laballe 1983
42° – A.O.C. Bas-Armagnac
(mise en bouteille 1997)

Eau-de-vie ambré de belle profondeur, aux reflets verts, brillante et limpide.
Le nez est très aromatique avec des notes de champignons, de sous-bois, de terre humide et d'épices (baies de genièvre).
En bouche l'attaque est franche et de belle vivacité; la sensation alcooleuse se fond bien dans l'ensemble; les tanins sont élégants et bien présents; à la rétro-olfaction on retrouve des arômes de violette qui donnent à l'eau-de-vie toute sa finesse, et en finale des notes de zan et de réglisse; belle longueur en bouche, on garde longtemps sur le palais cette finesse et cette élégance caractéristiques des grandes eaux-de-vie de Bas-Armagnac.
À accorder sur une truffe au chocolat et au thym, ou en digestif au déjeuner.

Château Laballe 1982
42° – A.O.C. Bas-Armagnac
(mise en bouteille 1997)

Eau-de-vie ambré, aux reflets verts, brillante et limpide.
Le nez est de belle finesse, sur des fruits blancs compotés avec des notes épicées et vanillées.
L'attaque en bouche est franche et équilibrée; la sensation alcooleuse est bien présente; les tanins sont marqués; à la rétro-olfaction on retrouve ces arômes d'épices, de vanille, de poires cuites; la finale est tannique à travers la réglisse; eau-de-vie marquée par l'élevage mais de belle qualité.
À accorder sur un dessert praliné, ou en digestif au déjeuner, avec un café léger en tanin « blue mountain ».

Château Laballe 1976
43° – A.O.C. Bas-Armagnac
(mise en bouteille 1997)

Eau-de-vie ambré de belle profondeur, aux reflets verts, brillante et limpide.
Le nez, légèrement esthéré au début, passe rapidement sur les épices (cannelle), la pomme cuite, pour finir sur un rancio de belle qualité.
L'attaque en bouche est franche avec une belle vivacité; la sensation alcooleuse est bien présente mais sans agressivité; les tanins sont riches mais de belle facture; la rétro-olfaction donne des arômes de pommes cuites, de cannelle; la finale est sur le zan et la réglisse; longue en bouche.
À accorder sur une infusion de camomille, ou en digestif après le dîner.

Château Laballe 1973
46° – A.O.C. Bas-Armagnac
(toujours sous bois)

Eau-de-vie ambré profond, aux reflets verts, brillante et limpide.
Le nez laisse apparaître initialement des notes esthérées, puis passe vite aux arômes de rancio très intenses.
L'attaque en bouche est franche et onctueuse; la sensation alcooleuse est élégante et souple; les tanins sont fondus et rassis; la rétro-olfaction redonne les notes d'épices légèrement beurrées et finit sur les pruneaux.
La finale est très élégante et puissante, elle procure beaucoup de plaisir.
À accorder avec une tarte au citron tiède, ou en digestif en fin de dîner.

Domaine Laberdolive

“Ici, nous sommes fiers d'être dans le « Grand » Bas-Armagnac ”, se sont les paroles d'accueil de Pierre Laberdolive. Le « Grand » Bas-Armagnac est cette bande de sable des Landes où les armagnacs ont ce caractère fauve tant recherché par les amateurs.

La dynastie Laberdolive voit le jour en 1856 et s'installe au domaine d'Escoubes, à Cazaubon dans le Gers. La famille agrandira ce domaine en acquérant en 1893 le domaine de Jaurey, planté en folle blanche franc de pied. Puis elle achètera celui de Pillon en 1956, essentiellement planté en cépage colombard et avec le fameux baco 22 A. Enfin, elle deviendra le propriétaire du domaine de Labrune en 1963, planté quant à lui en ugni-blanc franc de pied. Malgré la disparition du giron familial du domaine d'Escoubes, qui a marqué le début de l'ère Laberdolive, le total des vignobles est de 40 hectares. Pierre Laberdolive est fier d'être vigneron-distillateur. Il possède deux alambics armagnacais chauffés au bois, dont un a plus d'un siècle, et l'autre qui a pu être dompté, restitue depuis sept ans

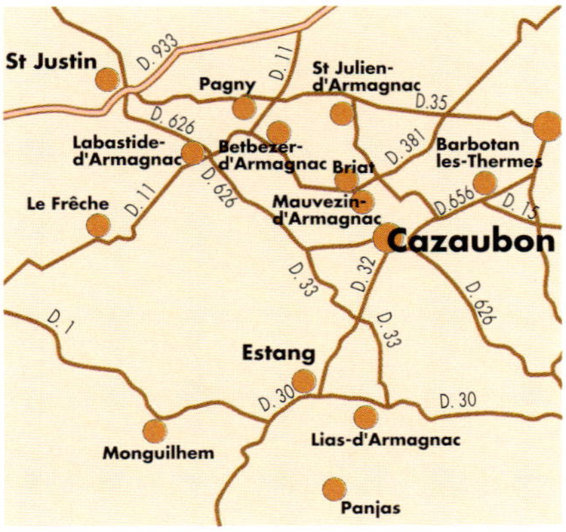

de grandes eaux-de-vie qui titrent 53° et qui ne sont pas réduites. Dans un souci de perfection, le domaine possède ses propres futaies de chênes du Sud-Ouest qui apportent ces notes si particulières aux « grands » Bas-Armagnacs.
Les fils de Pierre, Nicolas et Fabien Laberdolive, sont tout l'avenir de ce grand domaine et le trait d'union entre les générations.

Pierre Laberdolive
Domaine de Jaurey et Pillon – 40240 Labastide-d'Armagnac
Tél. 05 58 44 81 32 – Fax. 05 58 44 86 03
À Saint-Justin sur la D933 prendre la D626 direction Labastide. À Labastide, prendre la direction de Cazaubon (par la D626), faire quelques kilomètres après la sortie de la ville, puis suivre les indications sur la gauche, en prenant par la D235 direction Mauvezin.

DÉGUSTATIONS

Laberdolive 1976
Domaine de Jaurrey – 46°
A.O.C. Bas-Armagnac
(toujours sous bois)

Eau-de-vie brun clair aux reflets vieux cuivre, brillante et limpide.
Nez de fleurs et de fruits secs (amande) ; l'eau-de-vie est encore fougueuse (côté alcooleux).
En bouche l'eau-de-vie est vive, avec des notes de bois grillé, épicée et légèrement poivrée ; longue en bouche avec une dominante encore boisée (l'eau-de-vie est encore sous bois), nous aurons beaucoup de fraîcheur et de finesse en finale grâce à une note de verveine fraîche.
À consommer sur une fin de repas avec un café du type « blue mountain » ou sur une salade d'oranges au poivre.

Laberdolive 1970
Domaine du Pillon – 44°
A.O.C. Bas-Armagnac
(toujours sous bois)

Eau-de-vie ambré clair avec des reflets cuivrés, brillante et limpide.
Nez puissant et encore généreux avec des notes florales et boisées.
L'attaque en bouche est franche, la sensation alcooleuse disparaît rapidement pour laisser place à de la rondeur qui vient calmer le palais. Des notes de pruneaux, d'épices et de réglisse parfument la bouche. Eau-de-vie de grande longueur.
À accorder sur une tarte au chocolat avec de la glace à la vanille.

Laberdolive 1942
Domaine de Jaurrey – 45°
A.O.C. Bas-Armagnac
(sous verre)

Eau-de-vie ambré profond aux reflets cuivrés, brillante et limpide.
Le nez est complexe et agréable, aux arômes de pruneaux, d'épices douces (vanille et cannelle), de vieux cuir et une note beurrée. En bouche l'eau-de-vie est racée, pleine et riche. Elle est à maturité avec des tanins fondus, mais encore présents. Une note de rancio très intense vient donner toute la mesure à ce superbe Bas-Armagnac d'une incroyable longueur.
Eau-de-vie à boire pour le plaisir en prenant tout son temps, sur un cigare de caractère.

Laberdolive 1935
Domaine d'Escoubes – 43°
A.O.C. Bas-Armagnac

Eau-de-vie ambré clair aux reflets cuivrés, brillante et limpide.
Nez très frais et encore jeune, de fleurs séchées et d'épices (vanille fraîche). On trouve des notes de fruits secs et d'amandes grillées. La sensation de bouquet odorant de fleurs séchées nous démontre toute la race de cette eau-de-vie arrivée à un âge mûr.
En bouche, l'eau-de-vie a gardé de la vigueur et elle n'a pas encore de signe de faiblesse. La mâche des tanins encore bien présents indique que cette superbe eau-de-vie a séjourné longtemps en pièce de chêne, sans pour autant montrer des signes de vieillissement avancé. On retrouve aussi les notes de fruits secs et une sensation florale ; la finale est très longue, moelleuse et suave avec des notes d'angélique confite.
À associer sur un café 100 % arabica, sur une nougatine au chocolat amer, mais aussi tout simplement en digestif.

Domaine de la Coste

Jean Lacourtoisie a toujours la foi, il croit encore à l'eau-de-vie d'armagnac et ce malgré ses quatre-vingt-trois ans. Il a exercé plusieurs métiers avant d'être distillateur. Il a, au cours de ces nombreuses années, constitué une merveilleuse collection de Bas-Armagnac de 1850 à nos jours. En 1830, la famille Joix achète le « domaine de la Coste » et c'est en se mariant avec une des filles de cette famille que Jean Lacourtoisie fait connaissance avec l'armagnac. Le domaine de 30 hectares à l'origine, en compte seulement 5 actuellement, plantés en ugniblanc, colombard, mauzac et

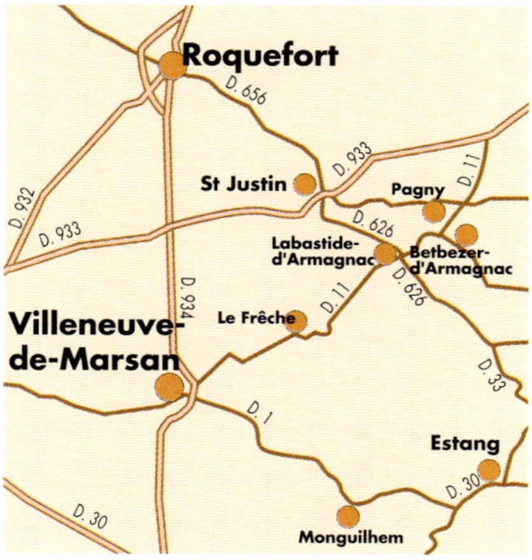

baco 22 A. Jean Lacourtoisie semble à première vue être un homme de terroir dur et méfiant, mais dès que la discussion s'engage, sa passion prend le dessus. Il ouvre alors les portes de son chai en terre battue et très humide, grâce auquel les armagnacs perdent naturellement leur puissance en alcool, et vous aurez le plaisir de partager avec ce personnage de superbes eaux-de-vie d'armagnac non réduites.

Domaine de la Coste
SCEA Lacourtoisie – 40240 Labastide d'Armagnac
Tél. 0558448120
En venant de St Justin sur la D626, à droite juste avant de rentrer dans le village de Labastide.

DÉGUSTATIONS

Domaine de la Coste
1984 – 47°
A.O.C. Bas-Armagnac
(mise en bouteille 1997)

Eau-de-vie ambré clair, aux reflets verts, brillante et limpide.
Le nez est peu aromatique et garde un côté grillé assez fin sans trop d'exubérance.
La bouche est franche avec une belle vivacité; la sensation alcooleuse est puissante mais sans agressivité et plutôt ronde; les tanins sont assez fins et fondus, peu riches; la rétro-olfaction donne des arômes d'épices comme la noix de muscade, de grillé très léger et de noisette grillée; la finale est très longue en bouche, avec une note de bois exotique; eau-de-vie de caractère.
À accorder au déjeuner sur une tarte aux figues tièdes, ou avec une infusion de tilleul-menthe.

Domaine de la Coste
1979 – 45°
A.O.C. Bas-Armagnac
(mise en bouteille 1997)

Eau-de-vie ambré clair, aux reflets roux, brillante et limpide.
Le nez a surtout des arômes de grillé, puis les sensations de fruits frais et de pruneaux apparaissent. L'attaque en bouche est franche et de belle vivacité; la sensation alcooleuse est puissante; les tanins sont bien présents et manquent peut-être un peu de rondeur; la rétro-olfaction reste intensément sur les prunes, avec un peu de torréfaction, d'épices, pour finir sur la réglisse; l'eau-de-vie tapisse bien le palais et reste longtemps en bouche et donne une sensation de fraîcheur.
À accorder sur un gâteau aux noix.

Domaine de la Coste
1977 (100 % Baco) – 53°
A.O.C. Bas-Armagnac
(toujours sous bois)

Eau-de-vie ambré, aux reflets verts, brillante et limpide.
Le nez est très fin, avec des arômes d'épices moelleuses, une légère note de grillé et torréfaction.
L'attaque en bouche est franche et équilibrée; la sensation alcooleuse n'est pas du tout puissante et ce malgré les 53°; les tanins sont bien présents et équilibrés; la rétro-olfaction est d'une belle richesse, avec des arômes de grillé, d'épices, de vanille, pour finir sur un très beau gras et de l'onctuosité; superbe eau-de-vie de caractère que les amateurs apprécieront malgré le baco distillé en double chauffe, ce qui ne rentre pas pourtant dans les habitudes de la maison. Cependant, la réussite est tout à fait parfaite et cela mérite d'être souligné.
Un vrai digestif à accorder avec un cigare de beau module.

Domaine de la Coste
1967 – 42°
A.O.C. Bas-Armagnac
(mise en bouteille 1997)

Eau-de-vie ambré clair, aux reflets roux, brillante et limpide.
Le nez est très fin et aromatique avec des notes d'épices et de fruits rouges comme la cerise cuite. L'attaque est franche et garde une belle vivacité; la sensation alcooleuse est puissante mais apporte du caractère à l'eau-de-vie, les tanins sont un peu secs mais élégants; on trouve à la rétro-olfaction des arômes d'épices, de vanille, et de pruneaux, avec une belle persistance en bouche.
À accorder sur un clafoutis aux cerises, ou en digestif après dîner.

Domaine de Luquet

Le Domaine de Luquet est dans la même famille depuis 1840, date à laquelle Joseph Lafargues en fait l'acquisition. Il est également l'inventeur de la première sulfateuse tractée par des mules ou des bœufs.

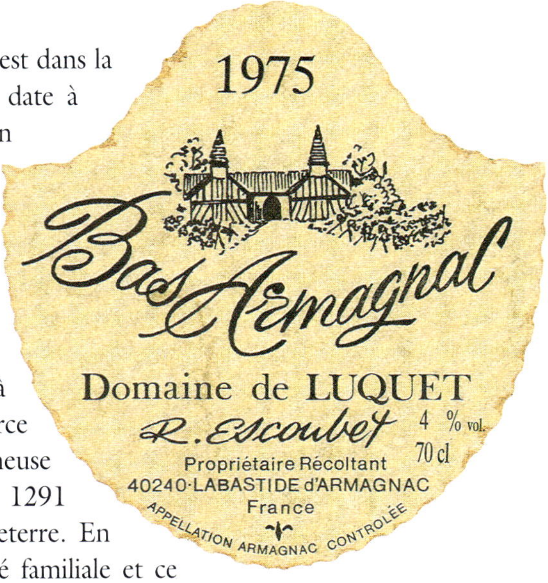

René Escoubet son descendant, était commerçant à Labastide ; il avait un commerce d'électroménager sur la fameuse place Royale, construite en 1291 par Edouard Ier, roi d'Angleterre. En 1962, il reprend la propriété familiale et ce n'est qu'à partir de cette date qu'il distille pour son propre compte environ cinq à six pièces par an, mais sans jamais vendre la moindre goutte d'armagnac. Il se constitue ainsi un stock suffisant qu'il envisage d'exploiter à sa retraite.

Cette petite propriété de 7 hectares au cœur du Bas-Armagnac fait distiller sa production par des bouilleurs de crus. Les pièces vieillissent dans un chai à colombage, sur de la terre battue. En pénétrant dans le chai, on est frappé par les odeurs de pruneaux, de vanille et de bois qui s'en dégagent. M. et Mme Escoubet ne sont pas encore particulièrement organisés pour faire visiter leur domaine. Mais ils reçoivent avec beaucoup de simplicité et

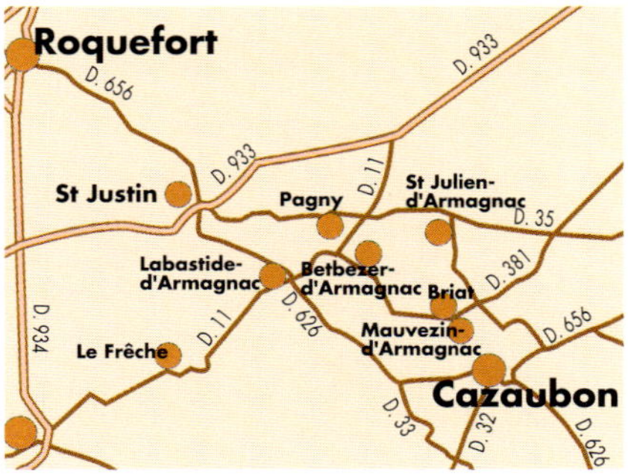

on sent leur fierté et leur bonheur de vous faire découvrir ces belles eaux-de-vie non réduites. Elles ont été élevées patiemment pendant plus de trente ans et livrent aujourd'hui toutes leurs richesses.

Domaine de Luquet
M. René Escoubet
Place Royale – 40240 Labastide d'Armagnac
Tél. 0558448124 – Fax. 0558448124
Pour le domaine, à Labastide, prendre la D11 à la sortie du village, direction Betbezer. En arrivant dans le bourg, tourner à droite au château d'eau, puis tout de suite à gauche; faire 1,3 km, le domaine avec 2 tours carrées est sur la droite.

DÉGUSTATIONS

Domaine de Luquet
1985 – 45°
A.O.C. Bas-Armagnac
(mise en bouteille 1997)

Eau-de-vie topaze de belle intensité, aux reflets verts, brillante et limpide.
Le nez est très légèrement esthéré, avec des notes de bois grillé, de vanille et une note de noix verte; toutes ces sensations aromatiques sont fondues et équilibrées.
L'attaque en bouche est franche et équilibrée; la sensation alcooleuse est présente, sans excès ni sensation de brûlure; les tanins sont riches et bien présents mais ils sont moelleux et de belle facture; les arômes dus au bois de l'élevage apparaissent tout de suite à la rétro-olfaction, puis viennent les arômes de vanille, de torréfaction et de cannelle, pour finir sur une note de tabac qui s'amplifie; très belle eau-de-vie pour ceux qui les aiment assez tanniques et vanillées; la finale est sur le boisé.
À accorder sur une tarte au citron, ou une infusion.

Domaine de Luquet
1980 – 43°
A.O.C. Bas-Armagnac
(mise en bouteille 1997)

Eau-de-vie topaze profond, aux reflets verts, brillante et limpide.
Le nez est très légèrement esthéré, cette sensation disparaît vite à l'aération; la richesse aromatique est surtout marquée par des notes de vanille et de torréfaction (café grillé).
En bouche, l'attaque est franche et équilibrée; la sensation alcooleuse n'est pas agressive; les tanins sont très présents, l'eau-de-vie reste encore sur des notes d'élevage dues à une belle futaille; les arômes d'épices dominent à la rétro-olfaction, ainsi que les notes de torréfaction très fortes; après aération, de petits effluves de violette donnent à l'eau-de-vie toute son élégance et sa subtilité, pour finir sur des notes de tabac blond et de vanille; belle longueur et finale plutôt boisée.
À accorder sur un dessert légèrement chocolaté, avec une infusion ou un cigare léger.

Domaine de Luquet
1975 – 46°
A.O.C. Bas-Armagnac
(mise en bouteille 1997)

Eau-de-vie topaze, à la robe vieil or, aux reflets verts, brillante et limpide.
Le nez fait apparaître immédiatement des arômes de vanille, puis après aération, des sensations d'eau-de-vie à maturité tels le rancio, l'épice et les pruneaux compotés.
L'attaque en bouche est franche avec une belle vivacité; la sensation alcooleuse est très plaisante et structure l'eau-de-vie; les tanins bien présents commencent à se fondre; la rétro-olfaction se trouve sur des arômes de vanille, d'épices, mais bien vite apparaissent les fruits compotés et les zestes d'oranges confites; la finale est réglissée et d'une belle longueur.
Accorder en digestif en fin de dîner avec un cigare un peu mielleux.

Domaine de Luquet
1962 – 44°
A.O.C. Bas-Armagnac
(mise en bouteille 1997)

Eau-de-vie à la robe topaze, aux reflets verts, brillante et limpide.
Le nez peu aromatique reste sur des notes d'épices (bois brûlé).
L'attaque en bouche est franche et garde dans son équilibre une belle vivacité; la sensation alcooleuse est riche et donne toute sa structure à l'eau-de-vie; les tanins aussi sont riches et puissants mais restent moelleux; la rétro-olfaction est puissante et complexe, avec des arômes d'épices, de vanille et de torréfaction, et après aération une sensation de sable chaud; la finale est très poivrée avec des sensations tanniques et de la réglisse; très belle eau-de-vie, longue et aromatique avec de la mâche.
À accorder en digestif avec un petit carré de chocolat au gingembre.

Domaine de Paguy

Son nom d'origine est « le Manoir de Paguy ». Il fut édifié au début du XVIIe siècle par M. Jean Dufaut, seigneur de Paguy, qui habita dans ce manoir dès les années 1600. Situé dans les Landes, le long de la vallée de la Douze, à Betbezer, il possède 10,5 hectares de vignobles situés autour du domaine. Vers 1933, à l'occasion d'une vente à la chandelle, la famille Darzacq devient propriétaire. En 1957, Albert Darzacq quitte son emploi de comptable pour s'occuper de la propriété viticole. N'ayant aucune formation agricole, il décide de reprendre des cours, et après ses journées de travail bien remplies, se fait assister d'un professeur à domicile. Pendant vingt ans, il distille patiemment et créée ainsi une collection d'eau-de-vie de Bas-Armagnac qu'il ne commercialisera en bouteilles que dans les années 1980. La nature humide du sol favorise le vieillissement des eaux-de-vie élaborées à base de cépages traditionnels, le baco 22 A, le colombard, et la folle blanche. Albert Darzacq ne millésime pas ses eaux-de-

vie mais réalise des coupes qui lui permettent d'offrir à ses clients une gamme de qualité constante allant de 8 à 40 ans et plus. Pour favoriser la découverte de ses produits, il s'est doté de chambres d'hôte; les visiteurs peuvent donc à loisir déguster, questionner et partager la vie du domaine. Les eaux-de-vie sont distillées par un bouilleur de cru qui vient au domaine avec son alambic de type Sier; pendant la distillation, la cour résonne des bruits de la machine et le miracle de la transformation peut être vécu en direct.

Domaine de Paguy
M. Albert Darzacq
40240 Betbezer
Tél. 05 58 44 81 57 – Fax. 05 58 44 68 09
À Labastide prendre direction Betbezer par la D11. Aller jusqu'à Betbezer et faire 2,1 km sur D11. À l'intersection avec la D35, prendre à gauche direction Saint-Justin et faire 1,2 km; l'entrée à gauche marquée par deux piliers en pierre (chambres d'hôte).

DÉGUSTATIONS

Domaine de Paguy
« 8 ans » – 45°
A.O.C. Bas-Armagnac
(toujours sous-bois)

Eau-de-vie ambré, aux reflets verts, brillante et limpide.
Le nez est élégant avec des arômes d'épices et de fruits blancs cuits.
L'attaque en bouche est franche et moelleuse; la sensation alcooleuse, bien que riche, a beaucoup de gras; les tanins sont élégants et peu marqués, ils apportent à la rétro-olfaction des arômes de vanille et d'épices; belle eau-de-vie élégante et fine qui reste longtemps en bouche; le baco donne le meilleur de lui-même dans ce Bas-Armagnac.
À accorder sur des fruits frais en salade, ou en digestif après déjeuner.

Domaine de Paguy
« 10 ans » – 45°
A.O.C. Bas-Armagnac
(toujours sous-bois)

Eau-de-vie ambré clair, aux reflets verts, brillante et limpide.
Le nez laisse déjà apparaître des arômes de rancio très léger, agrémentés par de la vanille, de la torréfaction et de la cannelle, et reste sur des arômes d'élevage.
L'attaque en bouche est franche et moelleuse; la sensation alcooleuse est agréable; les tanins sont très riches et bien présents, mais de grande qualité; on trouve à la rétro-olfaction ces arômes de bois et d'élevage comme la réglisse, le grillé, la vanille et les épices; belle eau-de-vie à la finale assez longue, surtout marquée par le bois de belle facture.
Un digestif de caractère à accorder sur une glace à la cannelle avec une tarte aux pommes tièdes.

Domaine de Paguy
« 20 ans » – 45°
A.O.C. Bas-Armagnac
(toujours sous-bois)

Eau-de-vie ambré, aux reflets verts, brillante et limpide.
Le nez a des arômes de cannelle et d'épices douces assez prononcées.
Belle attaque en bouche, franche et avec de la vivacité; la sensation alcooleuse est puissante; les tanins sont bien présents et réglissés; la longueur est caractéristique des eaux-de-vie très boisées et on garde cette sensation persistante.
À accorder avec un café léger « blue moutain » peu tannique, ou avec un cigare de caractère et doux, Corona.

Domaine de Paguy
« 35 ans » – 45°
A.O.C. Bas-Armagnac
(toujours sous-bois)

Eau-de-vie ambré, aux reflets verts, brillante et limpide.
Le nez a des arômes très nets de pain d'épice et miellés.
L'attaque en bouche est franche et équilibrée; la sensation alcooleuse est riche et apporte de la structure à l'eau-de-vie; les tanins sont « rassis » et la rétro-olfaction se traduit par des arômes de pruneaux, de rancio très prononcés; la finale est sur les épices ainsi qu'une petite note boisée; elle est d'une incroyable longueur; il faut prendre son temps pour déguster cette grande eau-de-vie de Bas-Armagnac.
À accorder avec un cigare ou une infusion de verveine, mais surtout en digestif après un dîner.

La région de Villeneuve-de-Marsan

Sites à visiter

Château de Ravignan
Église du XIIe siècle au Bourdalat
Clocher de Montégut
Église romane de Sainte-Foy
Tour du XIIIe siècle à Hontanx
Église et vieille tour du XIIIe siècle à Villeneuve
Festival de flamenco à Mont-de-Marsan (début juillet)

Listes des maisons d'Armagnac

Château de Castex-d'Armagnac
Maison Darroze
Domaine de Jouanda
Château de Lacquy
Château de Maniban
Domaine de Maouhum
Domaine d'Ognoas
Château de Ravignan

Roquefort
Gabarret
Cazaubon
MONT-DE-MARSAN
Villeneuve-de-Marsan
Labastide-d'Armagnac
Lacquy
Le Frêche
Arthez-d'Armagnac
Mauléon-d'Armagnac
Perquie
Ravignan
Montégut
Castex-d'Armagnac
Estang
Monguilhem
Bourdalat
Hontanx
Toujouse
Monlezun-d'Armagnac
Grenade-sur-l'Adour
Le Houga
Nogaro
Aire-sur-l'Adour
Geaune
Riscle
D. 626
D. 933
D. 651
D. 934
D. 932
D. 35
D. 11
D. 154
D. 32
D. 1
D. 101
D. 30
D. 164
N. 124
D. 924
D. 6
D. 125
D. 944
D. 2
N. 134
D. 935
D. 946
D. 3
D. 20
D. 25

Château de Castex-d'Armagnac

L'accueil à l'arrivée au château est plutôt musclé ! « Maïs », un terre-neuve noir de 60 kg, est très démonstratif et vous fait la fête comme à un vieil ami. Ce petit rituel est incontournable, et après avoir calmé son compagnon, la comtesse Odile de Saint-Pastou vous fait les honneurs de son salon. Tout en devisant près de la cheminée, elle m'indique que le château appartient à sa famille depuis 1789. Il comptait à l'époque plus de 1 000 hectares répartis sur plusieurs métairies sur lesquelles régnait la famille d'Abbadie de Barrau. Marc de Saint-Pastou épouse en 1934 Mlle d'Abbadie de Barrau et devient ainsi propriétaire et exploitant du château. Six enfants vont naître de cette union. Odile et Michel habitent aujourd'hui le château qui ne compte plus que 420 hectares de polyculture et un élevage de 400 moutons. Des chênes plantés dans le domaine servent à la confection des pièces qui donnent à l'eau-de-vie toute sa personnalité. M. Bortollomeau, un des derniers tonneliers de la région, exerce au Frêche et confectionne les « pièces » avec les douelles de la propriété. Ne dit-on pas que les eaux-de-vie doivent vieillir dans le bois issu de la propriété, où il a vu pousser les vignes, afin d'obtenir cette richesse si caractéristique et propre aux eaux-de-vie de Bas-Armagnac ? Les 16 hectares, plantés en ugni-blanc, sont distillés intégralement au domaine par l'alambic Sier à six plateaux, qui date du siècle dernier. Les eaux-de-vie titrent 52° à la sortie de

l'alambic. Fidèle à ce que faisait son père, Mme de Saint-Pastou ne souhaite pas vendre des eaux-de-vie de moins de 15 ans (le sage principe !). On trouve donc au château de vieux armagnacs, riches en tanins, mais souples et aromatiques.

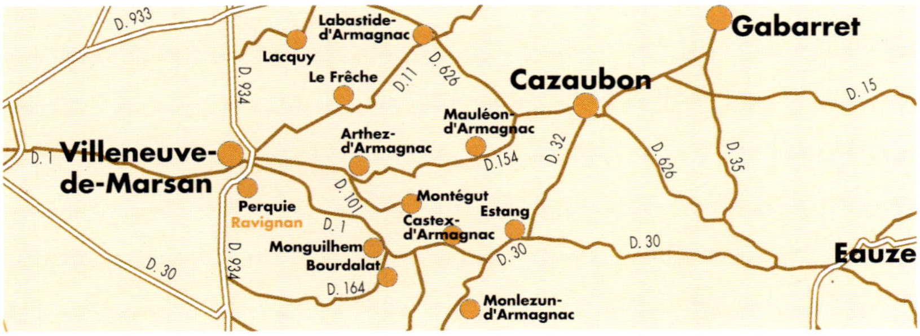

Château de Castex d'Armagnac
Indivision de Saint-Pastou
Castex-d'Armagnac
32 240 Estang
Tél. 05 62 09 66 02 – Fax. 05 62 09 65 34
À Villeneuve-de-Marsan prendre la D1 direction Eauze. À Monguilhem, prendre direction Cazaubon – Estang par la D30. En haut de la côte de Castex, au niveau de la Vierge, l'entrée du château est à droite.

DÉGUSTATIONS

Château de Castex-d'Armagnac 1968 – 43°
A.O.C. Bas-Armagnac
(toujours sous bois)

Eau-de-vie ambré profond, aux reflets verts, brillante et limpide.
Le nez est très agréable et riche ; on trouve des notes de cacao grillé, de vanille, puis de rancio et de pruneaux après aération.
L'attaque en bouche est franche, avec une certaine rondeur dans son équilibre ; les tanins sont très riches et apportent de la souplesse ; la sensation alcooleuse, bien que riche, donne à l'eau-de-vie du volume et évite la mollesse ; la finale est immédiatement sur les arômes de rancio, puis viennent la cannelle et la réglisse (élevage) ; l'eau-de-vie est persistante en bouche.
À accorder sur une tarte au citron meringuée, ou sur un cigare de gros module en fin de dîner.

Château de Castex-d'Armagnac 1967 – 44°
A.O.C. Bas-Armagnac
(toujours sous bois)

Eau-de-vie topaze foncé, aux reflets verts, brillante et limpide.
Le nez est assez simple, avec des notes de fougères, puis après aération, des effluves de violette très intenses.
L'attaque en bouche est franche et équilibrée ; les tanins sont encore riches et de belle facture ; la sensation alcooleuse assez riche donne à l'eau-de-vie toute sa grandeur ; la finale est assez typique des vieilles eaux-de-vie, avec des arômes de rancio et de beurré. Elle aura de la souplesse et un certain côté « rassis ».
À accorder en fin de dîner sur un Streusel aux fruits rouges.

Château de Castex-d'Armagnac 1966 – 45°
A.O.C. Bas-Armagnac
(toujours sous bois)

Eau-de-vie ambré très profond, aux reflets verts, brillante et limpide.
Le nez est très rancio, avec des arômes intenses de pruneaux, et une fin légèrement esthérée.
L'attaque en bouche est franche, avec une certaine souplesse dans l'équilibre acidité/moelleux. La sensation alcooleuse est bien réalisée ; les tanins sont encore riches et de belle qualité. La finale est sur du tabac blond, avec un côté cacaoté, pruneau et épices douces ; eau-de-vie de belle longueur avec de la mâche, qui reste sur le palais.
À accorder en fin de dîner sur un gâteau au chocolat et praliné, ou en simple digestif.

Château de Castex-d'Armagnac 1944 – 40°
A.O.C. Bas-Armagnac
(toujours sous bois)

Eau-de-vie marron foncé, aux reflets verts, brillante et limpide.
Le nez va tout de suite sur des arômes de rancio, d'épices et de café grillé, pour finir sur des fleurs séchées.
L'attaque en bouche est franche et équilibrée ; la sensation alcooleuse est fondue ainsi que les tanins qui laissent une sensation réglissée sur le palais ; la fin de bouche est moelleuse et riche. On a une eau-de-vie « rassise », sans aspérité, qui compense son manque d'alcool par une richesse aromatique très persistante.
À accorder en fin de dîner sur un Roquefort accompagné de fruits frais (raisins et pommes).

Maison Darroze

À la demande de ses clients de passage, Francis Darroze, restaurateur à Villeneuve-de-Marsan, sélectionne des eaux-de-vie du Bas-Armagnac. Avec quelques deniers prêtés, il achète en 1973 deux pièces de Bas-Armagnac auprès d'un domaine dont il connaît la réputation quant à la qualité de ses eaux-de-vie. Pour les vendre ensuite, il s'adresse à ses amis cuisiniers et Jean Troisgros, le premier, voit tout de suite quel avantage il aura en proposant à sa clientèle des eaux-de-vie authentiques. Au cours d'une dégustation Francis Darroze rencontre Saint-Jean, éleveur de chevaux à Le Houga et propriétaire d'un des plus beaux domaines en Bas-Armagnac. Saint-Jean a conscience de son âge et il propose son stock de 240 pièces à Francis Darroze. Un tel investissement demande réflexion, et peu de temps avant le décès de M. Saint-Jean, Francis Darroze achète ses eaux-de-vie. Conscient de la chance qui lui a été donnée, Francis Darroze, grâce à ce stock, est aujourd'hui à la tête d'une grande maison de négoce qui peut se lancer dans des nouveaux marchés vers les USA et beaucoup d'autres pays d'Europe. À soixante-six ans, Francis

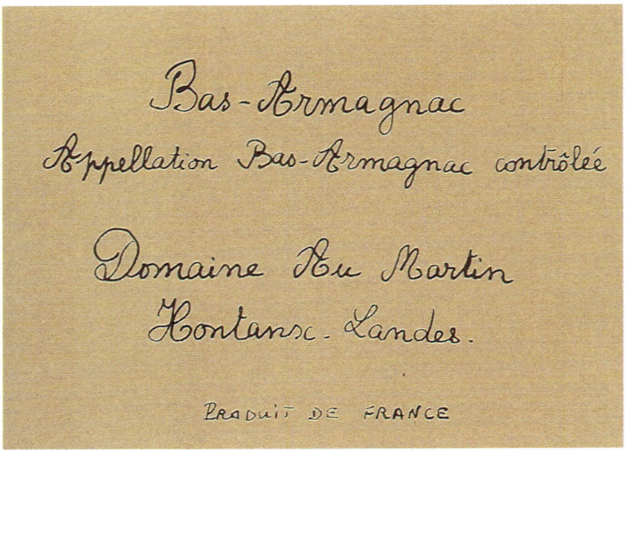

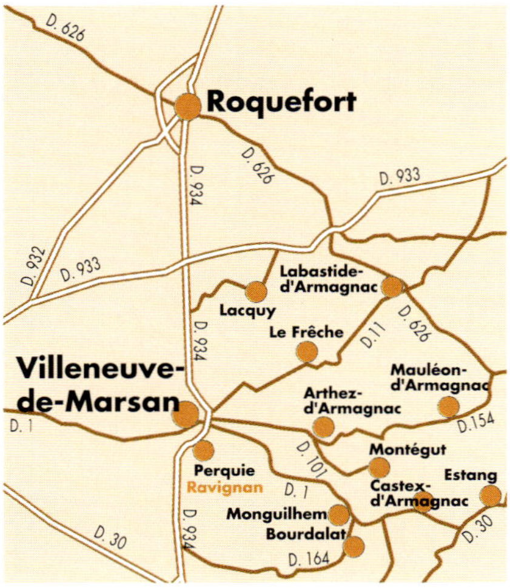

Darroze laisse peu à peu son fils, Marc, donner une nouvelle impulsion à la commercialisation de ses Bas-Armagnacs. Il propose, avec ses eaux-de-vie, la philosophie de la Gascogne chère à son cœur. Les eaux-de-vie sélectionnées ne sont pas réduites et, en signe de respect pour chaque provenance, elles sont mises en bouteille propriété par propriété. Avec plus de 50 domaines représentés, la gamme proposée permet de satisfaire tous les choix et les goûts des consommateurs.

Bas-Armagnac Francis Darroze S.A.
Avenue de l'Armagnac – 40 120 Roquefort
Tél. 05 58 45 51 22 – Fax. 05 58 45 57 12
http : //www.oxygene.fr/darroze
À Roquefort sur la D934 prendre direction Saint-Justin par la D626, faire 300 m, les bureaux et chais se trouvent sur la gauche.

DÉGUSTATIONS

Domaine Au Martin 1976 (à Hontanx) – 47.2° Sélection Francis Darroze A.O.C. Bas-Armagnac (toujours sous bois)

Eau-de-vie ambré clair, vieil or, aux reflets verts, brillante et limpide.
Le nez est élégant avec des arômes de pruneaux, de vanille, de baies de genièvre et d'épices douces. En bouche l'attaque est franche avec une belle vivacité ; la sensation alcooleuse donne un certain moelleux à l'eau-de-vie ; les tanins sont souples et fins sans être trop riches ; la rétro-olfaction est onctueuse avec de la vanille, des épices et une note de fruits blancs cuits ; la finale est très exotique et longue en bouche ; superbe eau-de-vie de caractère, moelleuse et suave.
Parfaite en digestif au déjeuner, ou avec un gratin de poires chaudes aux épices douces.

Domaine de Lusson 1970 (à Mauléon d'A.) – 47° Sélection Francis Darroze A.O.C. Bas-Armagnac (toujours sous bois)

Eau-de-vie ambré, vieil or, aux reflets verts, brillante et limpide.
Le nez est peu expressif avec juste des notes de vanille dues à l'élevage.
Par contre, en bouche, l'eau-de-vie prend toute sa dimension. L'attaque est franche avec beaucoup d'onctuosité ; la sensation alcooleuse est souple et sans agressivité ; les tanins sont fins et ronds ; on retrouve à la rétro-olfaction des notes de zestes d'oranges confites et de citrons, des arômes d'épices et de torréfaction ; la finale est très longue et cette superbe eau-de-vie termine sur des notes de bois exotique.
À accorder avec une infusion, ou un café arabica de Colombie, une tarte aux poires Bourdaloue, ou en simple digestif.

Domaine de Saint Aubin 1973 (à Le Houga) – 46.3° Sélection Francis Darroze A.O.C. Bas-Armagnac (toujours sous bois)

Eau-de-vie ambré, aux reflets verts, brillante et limpide.
Le nez est très intense et suave ; une multitude d'arômes vient nous charmer avec des notes de cannelle, de poires cuites, de vanille et surtout le côté exotique qui domine.
L'attaque en bouche est franche avec beaucoup de moelleux ; la sensation alcooleuse est à la fois souple et riche ; les tanins sont présents, mais moelleux et de grande qualité ; on retrouve à la rétro-olfaction les épices, de la cannelle, la vanille et une petite pointe de zestes d'oranges confites ; très persistante en bouche, cette eau-de-vie est très suave et son onctuosité tapisse longtemps le palais. Belle œuvre d'art.
À accorder au déjeuner avec un dessert au pralin et biscuit au chocolat.

Château de Bataille 1943 (à Villeneuve) – 40° Sélection Francis Darroze A.O.C. Bas-Armagnac (toujours sous bois)

Eau-de-vie ambré profond, aux reflets verts, brillante et limpide.
Le nez est peu expressif et laisse apparaître une légère note de rancio.
En bouche l'attaque est franche et moelleuse ; la sensation alcooleuse s'est assagie ; les tanins sont rassis et souples ; la rétro-olfaction donne surtout des arômes de pruneaux et de rancio, avec des épices (cannelle). Une grande eau-de-vie de Bas-Armagnac, moelleuse et onctueuse, sans agressivité et qui donne le meilleur d'elle-même.
Un vrai digestif à accompagner d'un cigare sans amertume.

Domaine de Jouanda

À une altitude de 100 m, le domaine de Jouanda domine la magnifique forêt landaise. Le vignoble de 8,5 h, situé sur les coteaux gersois autour de la vieille demeure familiale, appartient à la famille des barons de Poyferré depuis 1880. Les chênes qui serviront à la fabrication des pièces et verront vieillir les eaux-de-vie pendant au moins vingt ans, proviennent des terres du domaine. C'est un tonnelier

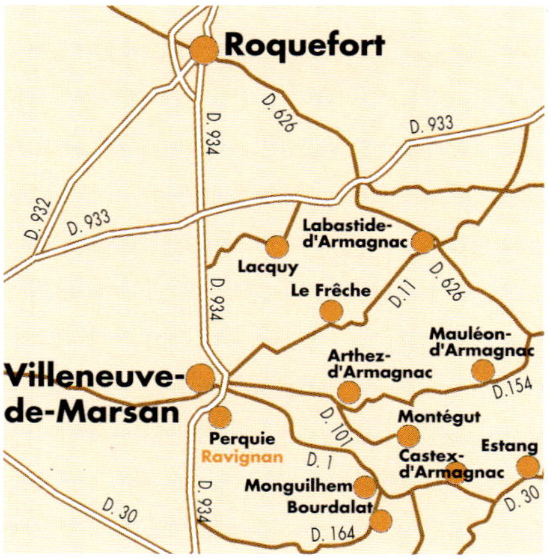

de la région, M. Bortollomeau, qui se voit confier la fabrication de ces pièces.
Ancien employé d'une société informatique à Paris, Jacques de Poyferré a toujours gardé un grand attachement pour ce domaine et pour les armagnacs en particulier. Il est tout spécialement attaché à la quiétude de ces lieux où il aime venir prendre du repos.

Domaine de Jouanda
40190 Arthez d'Armagnac
Tél. 05 58 45 21 41 – Fax. 05 58 45 21 41
À Villeneuve-de-Marsan prendre la D101 direction Montégut. À la sortie du village de Montégut, faire 600 m puis prendre à gauche. Faire de nouveau 600 m et prendre à droite à la patte-d'oie, et suivre indications.

DÉGUSTATIONS

Domaine de Jouanda 1976 – 47° – A.O.C. Bas-Armagnac (mise en bouteille 96)

Eau-de-vie topaze clair, aux reflets vieux cuivre, brillante et limpide. Le nez est élégant avec une dominante de vanille et d'épices; après aération on passe sur un registre de champignons et de sous-bois. L'attaque en bouche est franche; la sensation alcooleuse est présente mais sans excès et constitue la charpente de l'eau-de-vie, une sensation boisée toujours apparente lui procure une note exotique; le côté champignon ressort à la rétro-olfaction et la finale laisse en bouche une eau-de-vie élégante et bien équilibrée.
À accorder après un déjeuner, avec un petit modèle de cigare, mais aussi avec un gâteau basque au citron.

Domaine de Jouanda 1966 – 44° – A.O.C. Bas-Armagnac (mise en bouteille janvier 97)

Eau-de-vie ambré profond, avec des nuances de roux, aux reflets légèrement verts, brillante et limpide.
Le nez est peu expressif avec des notes de réglisse, de champignons et de sous-bois, mais aussi un peu de grillé qui lui donne de l'élégance.
L'attaque en bouche est franche; la sensation alcooleuse est fondue mais présente, sans agressivité; les tanins sont fins mais ne dominent pas ainsi que le souhaite M. de Poyferré; on retrouve à la rétro-olfaction des arômes très poivrés qui finissent sur la réglisse; la finale est ronde et légèrement musquée; belle longueur en bouche.
À accorder sur des poires tièdes caramélisées à la cannelle, ou en fin de déjeuner sur un café arabica de Colombie.

Château de Lacquy

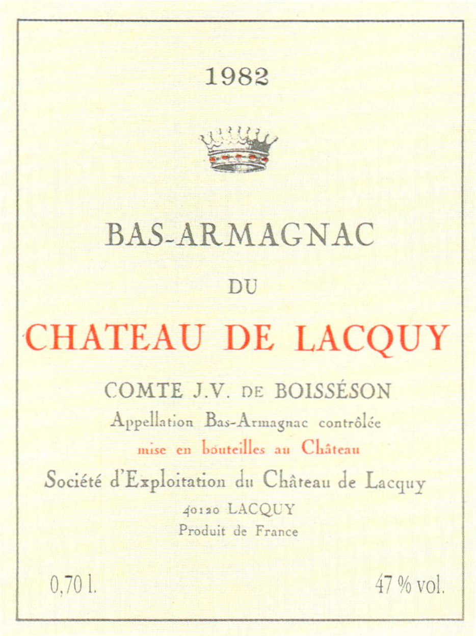

Grande propriété de 400 hectares au cœur du Bas-Armagnac, le château de Lacquy est un havre de paix au milieu de la forêt landaise. Avec 20 hectares de vignes en exploitation qui produisent de l'Armagnac depuis le XVIIIe siècle, elle fait partie des plus anciennes propriétés de la région. La famille de Pontac, qui s'illustrera en fondant le célèbre Château Haut-Brion (Pessac), reçut ce domaine en paiement d'une dette de jeu contractée par M. Mesmes. Puis, François Lubet l'achète en 1711 et, dès lors, elle ne quitte plus la famille. Plusieurs mariages se succèdent et, en 1883, la famille de Boisséson attache de façon définitive

son nom au domaine grâce au mariage de l'un de ses membres avec Charlotte de Lonjon. Dans les livres de comptes du domaine, le comte J.V. de Boisséson me montre que les premières transactions d'eau-de-vie datent de 1765. C'est avec un mélange de fierté et de modestie que « Monsieur le Comte » vous recevra dans sa propriété afin de vous faire découvrir ses eaux-de-vie de Bas-Armagnac qui vieillissent dans le chai dont le sol en sable leur permet de respirer et d'acquérir leur personnalité.

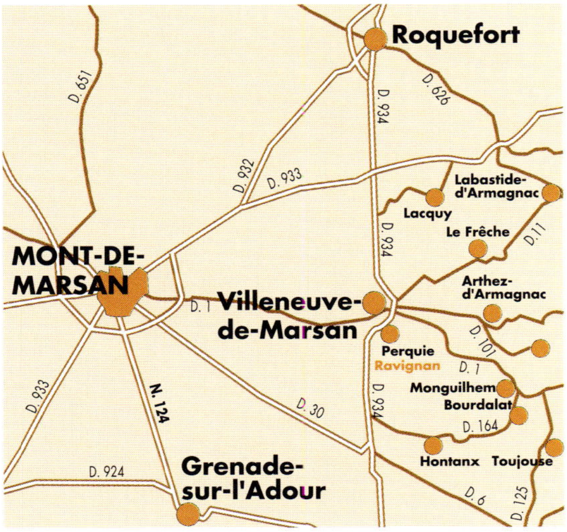

Château de Lacquy
40120 Lacquy
Tél. 0558038082 (château) ou 0558038822 (bureau) – Fax. 0558031895
Sur la D934, prendre la C3 direction Lacquy. Rentrer dans le village de Lacquy; le traverser; puis faire environ 1 km; prendre à droite au niveau du calvaire, puis suivre les indications.

DÉGUSTATIONS

Château de Lacquy 1982 – 48°
A.O.C. Bas-Armagnac
(mise en bouteille 1997)

Eau-de-vie topaze foncé, légèrement jaune cuivré, aux reflets verts, brillante et limpide. Nez très riche en alcool avec une note épicée qui domine.
L'attaque en bouche est franche. Le côté chaleureux de l'alcool domine au début mais disparaît assez vite; les tanins sont encore présents, la finale est un peu sèche, épicée, comme pour une eau-de-vie jeune agrémentée de vanille et de pain grillé. On retient la note de jeunesse et de fraîcheur. Bas-Armagnac de caractère, à accorder au déjeuner sur une tarte au citron vert ou un fromage du type « bleu de Geix ».

Château de Lacquy 1979 – 48°
A.O.C. Bas-Armagnac
(mise en bouteille 1997)

Eau-de-vie ambré assez profond, aux reflets verts, brillante et limpide.
Le nez est légèrement esthéré; les arômes de pin et mentholés dominent, puis après aération, une légère note de prunes fraîches apparaît.
L'attaque en bouche est franche; l'alcool domine un peu l'ensemble et les tanins sont encore présents mais apportent de la rondeur à l'eau-de-vie; la finale est très poivrée. Bas-Armagnac riche et bien structuré.
À accorder sur une glace aux pruneaux, parfaite pour finir un déjeuner.

Château de Lacquy 1973 – 45°
A.O.C. Bas-Armagnac
(mise en bouteille 1996)

Eau-de-vie ambré clair, aux reflets verts, brillante et limpide.
Le nez est encore sur des arômes d'élevage et la vanille apporte de la noblesse, qui, ajoutée à l'épice et aux prunes fraîches, donne la sensation que le temps n'aura pas de prise sur cette eau-de-vie.
En bouche, l'attaque est franche, l'alcool encore présent procure à l'eau-de-vie cette fringance caractéristique de Lacquy, tout en s'accordant avec les épices, la vanille et la torréfaction; la finale est agréable et garde une sensation chaleureuse. À accorder sur un vacherin glacé aux fruits rouges.

Château de Maniban

En arrivant aux abords de ce magnifique château du XVIe siècle, des images chargées d'histoire défilent dans la tête. Même si la partie centrale date du XVIIIe siècle, l'impression d'ensemble est parfaitement intégrée. Des travaux sont en cours à l'intérieur du bâtiment le plus ancien afin de mettre à jour des peintures murales datant de la construction du château. Les propriétaires actuels, la famille Castarède, ont acquis ce château, malgré son piteux état, en 1980. L'exploitation des propriétaires précédents s'était soldée par un échec en 1978. Au moment de leur départ, ils laissent un domaine replanté deux ans auparavant, en

ugni-blanc, colombard et folle blanche sur quelques hectares. L'exploitation compte de nos jours 15 hectares, étroitement surveillée par un homme sage, M. Eddy Couerbe. Le domaine possède son propre alambic « E. Orthes » (d'Agen) et procède donc à sa propre distillation sous l'œil attentif du maître de chais maison, Jean Bottéon, occasionnellement soutenu par un bouilleur de cru. En raison de très fortes gelées, les trois-quarts de la récolte ont été malheureusement détruits en 1997. Au beau milieu du Bas-Armagnac, ce domaine produira des eaux-de-vie de grande qualité, mais il faudra attendre pour déguster des millésimes vénérables ; en effet, aucun stock n'a été constitué avant 1980.

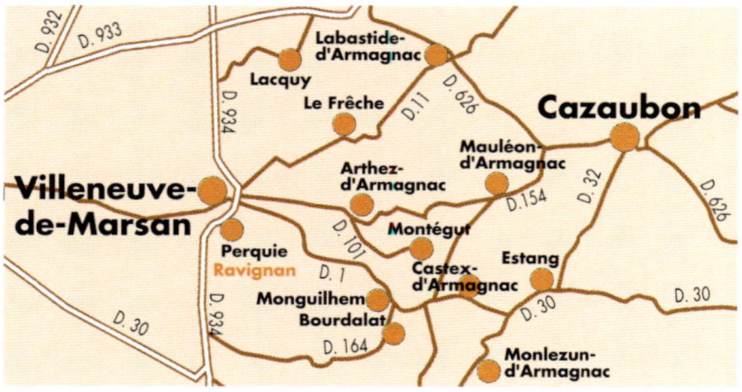

Château de Maniban
Mauléon-d'Armagnac – 32 240 Estang
Tél. 05 62 28 34 52 – Fax. 05 62 09 64 21
Dans le village de Mauléon-d'Armagnac sur la D154 allant de Villeneuve-de-Marsan à Cazaubon, prendre la D209 en direction de Castex. Faire environ 600 m (en passant devant le stade) et prendre à gauche en haut de la côte au niveau d'un immense arbre (résineux).

DÉGUSTATIONS

Château de Maniban « folle blanche » 1990 – 55° – A.O.C. Bas-Armagnac (toujours sous bois)

Eau-de-vie ambré, aux reflets verts, cuivrés, brillante et limpide.
Le nez, de belle élégance, reste sur des arômes vanillés dus à son élevage, avec une petite note de bois brûlé.
L'attaque en bouche est franche avec un bel équilibre ; la sensation alcooleuse est encore puissante et les tanins de belle qualité apportent une note réglissée ; la finale est très poivrée, avec des arômes de fougères séchées et de bois grillé.
À accorder sur un café pas trop riche du type « blue mountain » ou sur un macaron aux amandes.

Château de Maniban « folle blanche » 1989 – 55° – A.O.C. Bas-Armagnac (toujours sous bois)

Eau-de-vie topaze avec de beaux reflets verts, brillante et limpide.
Le nez est déjà très floral, avec une touche de poire cuite et épicée.
L'attaque en bouche est franche et équilibrée ; la sensation alcooleuse est riche et chaleureuse mais s'estompe vite ; les tanins sont peu marqués et laissent place à des arômes poivrés et très cacaotés ; la finale reste sur des notes de sous-bois (mousse et fougère) ; eau-de-vie en cours de vieillissement.
À accorder sur des pruneaux aux épices.

Château de Maniban « folle blanche » 1983 – 53° – A.O.C. Bas-Armagnac (toujours sous bois)

Eau-de-vie ambré clair, aux reflets verts de belle profondeur, brillante et limpide.
Le nez commence sur des arômes de pruneaux, avec ce rancio très léger qui laisse présager une belle eau-de-vie.
L'attaque en bouche est franche et équilibrée ; les tanins sont bien marqués et de belle facture, ils donnent du moelleux à l'eau-de-vie ; la sensation alcooleuse est ronde et grasse, ce qui apporte beaucoup de volume à l'eau-de-vie ; la finale est sur le zan, avec ce côté beurré dû aux notes de rancio, une légère amertume donne du relief à cet armagnac. À accorder sur une tarte à l'orange et vanille en fin de déjeuner.

Domaine de Maouhum

Trois générations se sont succédé pour exploiter le Domaine de Maouhum à Le Frêche, et aujourd'hui, Jean-Claude Lasseignou n'est pas peu fier de voir Christelle, une de ses filles, âgée de vingt-trois ans, s'intéresser au domaine. De ce fait, il a des projets plein la tête pour valoriser la maison et les chais qui, depuis le printemps 98 accueillent les visiteurs. La maison d'origine a brûlé en 1840 et les poutres qui ont échappé à l'incendie ont servi à la reconstruction de la bâtisse actuelle, d'où le nom de « Maouhum », en gascon « mauvaise fumée ». Malgré de grosses gelées en 1997 qui ont détruit plus de 90 % de sa récolte, ce qui a réduit la distillation à seulement trois pièces d'eau-de-vie, Jean-Claude Lasseignou reste confiant quant à l'évolution du marché et constate que la demande est croissante. Il ne met en bouteille que depuis 1975 et regrette un peu d'avoir écoulé la plus grosse partie de ses stocks antérieurs à cette époque. Il exploite depuis 5 ans les 15 hectares plantés en baco 22 A, folle blanche, colombard et ugni-blanc. Il a conscience que c'est peu et réfléchit déjà à de nouvelles possibilités d'agrandissement afin de laisser à sa fille un patrimoine d'avenir. Pendant l'été, on peut le

rencontrer sur la côte landaise, à Vielle-Saint-Giron, où, associé avec d'autres producteurs de produits du terroir, il se rapproche du consommateur afin de faire connaître les différents aspects de la Gascogne à travers sa gastronomie.

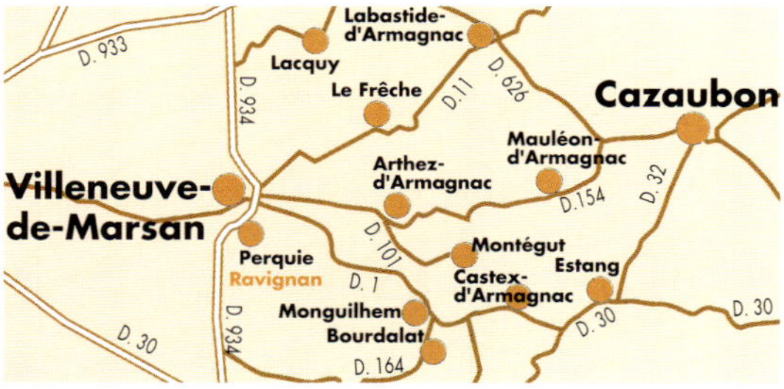

Domaine de Maouhum
Jean-Claude Lasseignou
40190 Le Frêche
Tél. 05 58 45 24 98 – Fax. 05 58 45 23 03
À la sortie de la Frêche par la D11 en direction Villeneuve-de-Marsan, le bureau de vente se trouve 200 mètres avant la sortie du village.

DÉGUSTATIONS

Domaine de Maouhum
XO – 42°
A.O.C. Bas-Armagnac

Eau-de-vie ambré clair, aux reflets verts, brillante et limpide.
Le nez est élégant et plutôt sur le fruit cuit et les épices douces.
L'attaque en bouche est franche avec une belle vivacité dans son équilibré acidité/moelleux; les tanins de belle qualité sont ronds et moelleux; la sensation alcooleuse est bien réalisée; la rétro-olfaction fait apparaître des arômes de bois grillé, de caramel et de vanille, pour finir sur des notes de mie de pain chaude et une légère amertume qui fait penser au zan; belle eau-de-vie de Bas-Armagnac pour les débutants; elle sera une belle référence dans sa catégorie.
À accorder sur un marbré chocolat-vanille et crème anglaise.

Domaine de Maouhum
1980 – 45°
A.O.C. Bas-Armagnac
(mise en bouteille 22/12/97)

Eau-de-vie ambré clair à la robe vieil or, aux reflets verts, brillante et limpide.
Le nez est élégant avec des arômes de fruits compotés tout en finesse ainsi que du mimosa frais, pour finir sur un côté kirsch, d'amande et de champignons.
L'attaque en bouche est franche avec une belle présence acide dans son équilibre, ce qui lui donne de la fraîcheur; les tanins sont fins et présents sans excès; la sensation alcooleuse est bien présente mais sans richesse brûlante malgré ses 45°; la rétro-olfaction apporte des notes de vanille légère et de fleur de pommier, pour finir sur de la réglisse, du pain grillé et du tabac; belle eau-de-vie tout en finesse qui garde une belle onctuosité.
À accorder en fin de déjeuner en digestif, ou sur un Streusel aux fruits rouges.

Domaine de Maouhum
1979 – 45°
A.O.C. Bas-Armagnac

Eau-de-vie ambré de belle intensité, aux reflets vert profonds, brillante et limpide.
Le nez est très odorant avec des notes de vanille, de cannelle et d'épices douces.
L'attaque en bouche est franche et de belle vivacité; les tanins sont fins, de belle qualité sans pour autant marquer l'eau-de-vie; la sensation alcooleuse est bien réalisée; on retrouve à la rétro-olfaction les arômes d'épices, de pruneau cuit, pour finir sur de la réglisse légèrement mentholée et du thym séché; superbe eau-de-vie de caractère, très persistante au palais et qui a la classe des grandes eaux-de-vie de Bas-Armagnac, rondes souples et aromatiques.
À accorder en simple digestif, ou sur des fromages du type « bleu de Geix ».

Domaine de Maouhum
1978 – 44°
A.O.C. Bas-Armagnac
(mise en bouteille 22/11/97)

Eau-de-vie ambré vieil or, aux reflets verts, brillante et limpide.
Le nez est très aromatique, avec des notes d'épices, de sous-bois et de fourrure animale.
L'attaque en bouche est franche et garde une belle vivacité et laisse apparaître une certaine onctuosité peut-être due à la forte proportion de baco 22 A dans l'eau-de-vie; les tanins sont fins et fondus et soulignent la note de réglisse; la sensation alcooleuse est bien réalisée; la rétro-olfaction est une véritable explosion d'arômes : le pruneau, les épices, la cannelle; la finale est marquée par le rancio et les épices douces; magnifique eau-de-vie ronde et moelleuse. À déguster pour elle-même accompagnée d'un café léger en tanins.

Domaine d'Ognoas

Ce domaine d'expérimentation des anciennes méthodes de culture et d'élevage appartient au Conseil général des Landes, et sa gestion est assurée par le département des Landes.

Cette magnifique exploitation de 540 hectares a recréé ce que pouvait être au début du siècle un domaine agricole de polyculture : maïs, vignes (25 hectares), forêt de chênes pédonculés pour la tonnellerie, et élevage pour le lait. Depuis toujours Ognoas est convoité pour son emplacement, mais aussi pour sa richesse. Armand Bosquet fut le premier seigneur, en 1262, de ce domaine qui comprenait alors plus de mille hectares.

Patrick Arnaud, jeune responsable viticole, me fait visiter l'ensemble superbement entretenu, et m'explique la philosophie des lieux, qui se résume en deux mots : tradition et qualité. Mais il faut y ajouter les moyens techniques actuels. Le vignoble d'armagnac est sur les sables fauves et planté d'ugniblanc (12 hectares), de colombard (7 hectares), de folle blanche

(3 hectares) et de baco (22 hectares). Il s'étend sur cinq communes : Le Frêche, Villeneuve, Arthez-d'Armagnac, Perquie et Lannemaignan. Un vieil alambic armagnacais, de type Sier de 1804, élabore les eaux-de-vie qui sont ensuite élevées dans les fûts de chêne du domaine, et dont les douelles mûrissent lentement pendant cinq ans à l'extérieur, afin d'éliminer les toxines du bois; les pièces sont confectionnées par un des derniers tonneliers locaux, avant d'être stockées.

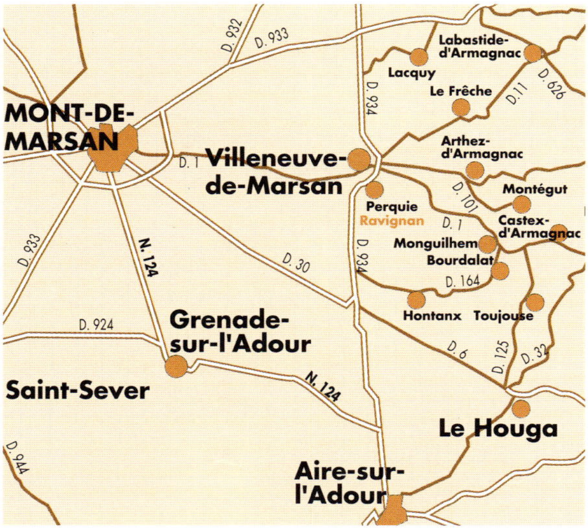

Domaine d'Ognoas
Domaine Départemental
40 190 Arthez-d'Armagnac
Tél. 05 58 45 22 11 – Fax. 05 58 45 38 21
En venant de Aire-sur-Adour (D934), sur la rocade de Villeneuve, prendre à droite la D101 direction Arthez-d'Armagnac; faire 3,5 km, l'entrée du domaine se trouve sur la gauche.

DÉGUSTATIONS

Domaine d'Ognoas 1985 – 46.2°
A.O.C. Bas-Armagnac
(mise en bouteille septembre 97)

Eau-de-vie topaze clair, de faible intensité, aux reflets verts, brillante et limpide.
Le nez riche et fin à la fois fait apparaître des notes de bois grillé avec déjà une légère note de pruneaux et une finale d'épices (baies de genièvre). En bouche l'attaque est franche avec un bel équilibre acidité/moelleux; un boisé fin, sans agressivité, rend cette eau-de-vie élégante; elle finit sur des arômes de pruneaux compotés et d'épices.
À accorder sur une salade de fruits frais aux figues et cannelle; ou en digestif pour un déjeuner estival, pour sa fraîcheur et son fruité.

Domaine d'Ognoas 1969 – 45°
A.O.C. Bas-Armagnac
(mise en bouteille juillet 97)

Eau-de-vie ambré léger, aux reflets verts, brillante et limpide.
Le nez légèrement esthéré au début fait rapidement apparaître après aération, des notes de pruneaux et d'amandes grillées. L'attaque en bouche est franche, l'eau-de-vie est ronde, poivrée, avec des épices douces; la sensation alcooleuse laisse le côté chaleureux emplir le palais, mais disparaît vite; la finale est boisée par les tanins encore présents et donne au palais une sensation réglissée et de pain grillé.
À déguster en fin de dîner, avec un dessert au chocolat voire même une infusion de verveine.

Domaine d'Ognoas 1965 – 45°
A.O.C. Bas-Armagnac
(mise en bouteille juillet 97)

Eau-de-vie ambré profond, aux reflets verts, brillante et limpide.
Le nez est très riche en fruits compotés avec un côté fauve et la sensation d'une forêt odoriférante. En bouche l'eau-de-vie est franche, moelleuse, souple et sans agressivité; des notes de café grillé, de rancio très riche, confèrent à l'eau-de-vie beaucoup de mâche et de longueur en bouche. Il est rare de voir une belle eau-de-vie comme celle-ci à base de 100 % baco et élevée dans une pièce parfaitement brûlée rappelant le thé fumé de Chine.
À boire en simple digestif accompagné d'un beau cigare de caractère du type grand Corona.

Château de Ravignan

Magnifique château datant de Louis XIII, au cœur des Landes, dans la périphérie de Villeneuve-de-Marsan.
Il appartient à la famille Lacroix de Ravignan depuis 1732 et possède 850 hectares, dont 19 de vignes.
M. de Ravignan me reçoit dans le chai où les pièces mûrissent lentement depuis 1962, date depuis laquelle ce domaine distille

systématiquement ses eaux-de-vie. La transformation des vins en eau-de-vie s'effectue dans un alambic de type Auberlot et le fruit de cette distillation représente annuellement de 10 à 15 pièces d'eau-de-vie.

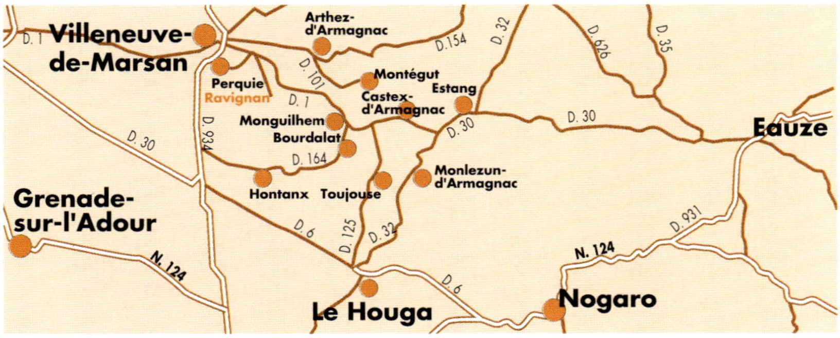

Château de Ravignan
Perquie
40190 Villeneuve-de-Marsan
Tél. 05 58 45 33 07 – Fax. 05 58 45 80 85

Au centre ville de Villeneuve, suivre la D1 direction Monguilhem – Estang – Eauze. Prendre la D354 direction Perquie ; au centre du village passer devant le foyer municipal, faire 400 m, l'entrée des chais est après le château.

DÉGUSTATIONS

Château de Ravignan 1982 – 46°
A.O.C. Bas-Armagnac
(mise en bouteille 1997)

Eau-de-vie ambré clair avec peu de profondeur, aux reflets verts, brillante et limpide.
Nez élégant, encore sur des notes d'élevage, avec de la vanille, du grillé et des baies de genièvre.
L'attaque en bouche est franche ; l'eau-de-vie est ronde ; nous avons beaucoup d'élégance dans ce Bas-Armagnac, les tanins sont encore présents et laissent en fin de bouche une note réglissée avec de la fougère et de la mousse fraîche.
À accorder sur une tarte Tatin avec glace à la cannelle ou en simple digestif au déjeuner.

Château de Ravignan 1984 – 46°
A.O.C. Bas-Armagnac
(mise en bouteille 1997)

Eau-de-vie ambré de belle profondeur, aux reflets verts, brillante et limpide.
Nez très fin, sans grande ampleur, plutôt sur le fruit, puis le côté élevage en bois neuf apparaît.
L'attaque en bouche est franche et l'équilibre acidité/moelleux est déjà bien réalisé ; les tanins sont fins et élégants ; la sensation alcooleuse est présente mais ne dérange pas ; la finale est plutôt sur de la réglisse et la noisette grillée, pour terminer sur une belle intensité, tout en gardant sa fraîcheur et sa finesse.
À accorder sur des pruneaux glacés à la cannelle ou des poires au sirop.

Château de Ravignan 1971 – 47°
A.O.C. Bas-Armagnac
(mise en bouteille 1997)

Eau-de-vie ambré, aux reflets vert clair, brillante et limpide.
Le nez est sur des notes florales et finit sur du rancio léger.
L'attaque en bouche est franche avec beaucoup de rondeur ; les tanins fins et élégants terminent sur de la réglisse et du zan ; belle longueur en bouche qui laisse sur le palais une agréable sensation d'épices et de thym léger.
À accorder sur un cigare de petit module « petit Corona » pour finir un déjeuner, ou sur une salade de fruits compotés.

La Compagnie des Mousquetaires d'Armagnac

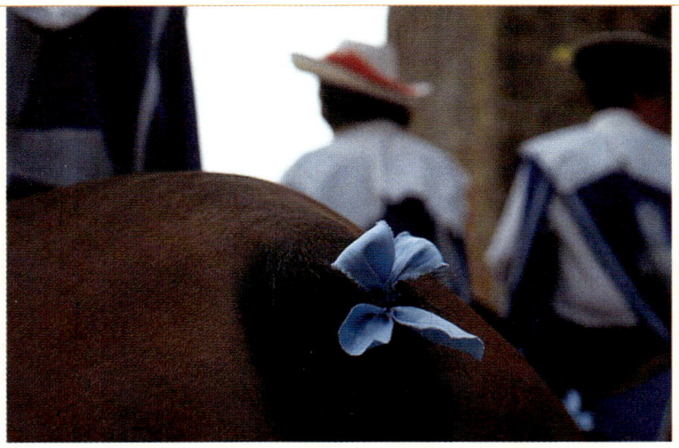

Armand de Sillègue d'Athos, communément appelé Athos, Isaac de Portau, connu sous le nom de Porthos, et Henri d'Aramitz, dit Aramis, furent les fidèles compagnons de d'Artagnan et immortalisés par les romans d'Alexandre Dumas. Leurs dignes descendants, sous l'impulsion du général Baston, général d'aviation et négociant à Condom, vont en 1951 fonder la Compagnie des Mousquetaires d'Armagnac qui succède aux « Cadets de Gascogne ». Leur but est de promouvoir la région et son eau-de-vie d'armagnac; pour ce faire, ils regroupent un certain nombre de personnes ayant l'âme d'un Mousquetaire comme leur capitaine d'honneur Jean Arnaud, ou Aymeri de Montesquiou-Fézensac, capitaine actuel, fils de Pierre de Montesquiou-Fézensac, descendant du d'Artagnan maréchal de France.
La Compagnie des Mousquetaires compte à travers le monde plus de 2000 membres qui mettent un point d'honneur à porter l'écharpe bleue « mousquetaire » au bas de laquelle se trouve une croix avec un blason orné du lion de Gascogne, des épées, des gants de mousquetaires et bien sûr du verre d'armagnac symbolisant la région.
Les chapitres se célèbrent dans des endroits prestigieux de la région tels l'abbaye de Flaran, le cloître de Condom. Différents pays, comme la Chine, les USA, l'Allemagne, la Belgique, l'Italie, le Liban, l'Angleterre, l'Espagne et le Japon, ou le Sénégal et Taïwan... organisent aussi des chapitres exceptionnels où des personnalités du cinéma, des arts, de la gastronomie, de l'industrie ou de la fonction publique sont intronisées « Mousquetaires ».
Tous se plient à la célèbre devise : « Tous pour un, un pour tous. » Et dans un même esprit, chaque Mousquetaire aura à cœur de défendre « son » armagnac.
Le plus grand rassemblement a lieu annuellement au mois de septembre dans le cloître de Condom. Chaque nouveau Mousquetaire, présenté par le capitaine, prête serment :

Par la Gascogne qui vit naître d'Artagnan
Par le vin de nos coteaux qui donne notre Armagnac
Par tout ce qui fit grand notre Pays,
En héritier spirituel du Chevalier de Batz,
Comte d'Artagnan,
Je jure de toujours respecter cette eau-de-vie merveilleuse
Qui a nom Armagnac,
Source de toutes les vertus viriles
et de tous les enthousiasmes féminins.

Compagnie des Mousquetaires d'Armagnac
Château de Marsan – 32 270 Marsan
Secrétariat : B.P. 29 – 32 001 Auch Cedex
Tel. 05 62 05 38 15 – Fax. 05 62 05 56 92
http ://www. gascogne. com/Mousquetaires

L'armagnac et les desserts

Recettes proposées par Christophe Felder, chef pâtissier à l'Hôtel de Crillon – Paris

La recette du pastis (ou croustade) en photo ci-contre, présente trop de difficultés à réaliser pour que nous la donnions.

Marbré chocolat-vanille

Ingrédients :

Beurre	175 g
Sucre semoule	375 g
Œufs	125 g
Vanille liquide	5 g
Sel	4 g
Crème U.H.T.	250 g
Farine	275 g
Levure chimique	5 g
Cacao	25 g

Préparation :

Mettre tous les ingrédients sauf le cacao au robot et mixer afin de lisser l'appareil.
Mélanger le cacao dans la moitié de l'appareil.
Répartir dans 2 moules de 21 x 9 cm avec papier sulfurisé, beurré et fariné.
Cuisson à 160 °C pendant 40 minutes.

Gâteau basque au citron

Pâte :

Beurre	525 g
Sucre semoule	375 g
Poudre d'amandes	250 g
Jaunes d'œufs	60 g
Œufs	75 g
Sel	6 g
Farine	675 g

1 zeste de citron
1 pincée de levure chimique

Procédé :

Mélanger le beurre avec le sucre et le sel. Ajouter les œufs, les jaunes et le citron. Bien mélanger et verser la farine tamisée avec la levure. Mélanger le tout et stocker au frigo afin que la pâte reprenne de la consistance.

Crème à l'armagnac :

Lait	1 litre
Jaunes d'œufs	200 g
Sucre semoule	190 g
Farine	80 g
Armagnac	150 g

Procédé :

Bouillir le lait.
Mélanger les jaunes avec le sucre et la farine et cuire le tout jusqu'à épaississement. Ajouter l'armagnac. Cuire 2 minutes et laisser frémir, puis laisser refroidir.

Procédé :

Étaler la pâte à 5 millimètres au rouleau. Procéder comme pour une galette. Détailler deux ronds de 20 cm.
Étaler la crème à l'armagnac en partant du centre jusqu'à 3 cm du bord. Avec un œuf battu, badigeonner la bordure des 3 cm restés sans crème. Disposer ensuite le deuxième fond de pâte au-dessus de celle garnie de crème et appuyer légèrement sur les bords.
Cuire dans un cercle de la même taille (20 ou 22 cm de diamètre) afin que la pâte lève en cuisant à 180 °C pendant 30 minutes.
Peut se manger tiède ou tempéré.

Macarons moelleux amandes et oranges

Ingrédients :

Poudre d'amandes	275 g
Sucre semoule	350 g
Écorces d'oranges confites	100 g
Blancs d'œufs	125 g

Blanc en neige :

Sucre semoule	100 g
Blancs d'œufs	125 g

Préparation :

Mixer la poudre d'amandes, le sucre semoule, les écorces d'oranges et les blancs d'œufs.
Détendre progressivement avec les blancs d'oeufs montés en neige avec le sucre.
Dresser de petites boules sur plaques avec feuilles.
Sécher une nuit, former des carrés avec les doigts et cuire à 180 °C durant 7 minutes.
Mouiller la feuille après cuisson, coller deux macarons ensemble.

L'Armagnac, son cadre juridique *

Le décret du 25 mai 1909 dit « Fallières » précise que les dénominations des appellations régionales « armagnac » et « eau-de-vie d'Armagnac » sont réservées aux eaux-de-vie provenant uniquement des vins récoltés et distillés dans des territoires bien délimités situés sur les seuls départements du Gers, des Landes et d'une petite partie du Lot-et-Garonne. Ils sont au nombre de trois : le Bas-Armagnac, Armagnac-Ténarèze (1993) et le Haut-Armagnac et font l'objet de quatre appellations bien différentes ayant leurs propres caractéristiques.

L'appellation « Bas-Armagnac » fait l'objet d'une « mention spéciale » et est réservée aux eaux-de-vie provenant des territoires des communes énumérées ci-dessous :

RÉGION DU BAS-ARMAGNAC

Département du Gers

Arr. de Condom	Canton de Cazaubon :	toutes les communes.
	Canton de Nogaro :	toutes les communes.
	Canton d'Eauze :	toutes les communes.
Arr. de Mirande	Canton d'Aignan :	Avéron-Bergelle, Fustérouau, Margoüet-Meymès, Sarragachies, Termes-d'Armagnac.
	Canton de Riscle :	Arblade-le-Bas, Barcelonne-du-Gers, Caumont, Gée-Rivière, Lelin-Lapujolle, Maulichères, Saint-Germé, Tarsac, Vergoignan.
Arr. d'Auch	Canton de Vic-Fézensac :	sections 179A, 179B et 179C de la commune de Vic-Fézensac.

Département des Landes

Arr. de Mont-de-Marsan	Canton de Gabarret :	Betbezer, Créon, Escalans, Gabarret, Lagrange, Mauvezin, Parleboscq, Saint-Julien-d'Armagnac.
	Canton de Grenade :	Castandet, Cazères-sur-Adour, Lussagnet, Le Vignau.
	Canton de Villeneuve-de-Marsan :	Saint-Gein, Arthez-d'Armagnac, Bourdalat, Le Frêche, Perquie, Sainte-Foy, et une partie de la commune de Lacquy.
	Canton de Roquefort :	Labastide-d'Armagnac, Saint-Justin.
Arr. de Saint-Sever	Canton d'Aire-sur-Adour :	la partie de Aire-sur-Adour située sur la rive droite de l'Adour.

RÉGION DE LA TÉNARÈZE

Département du Gers

Arr. de Condom	Canton de Montréal :	toutes les communes.
	Canton de Valence-sur-Baïse :	toutes les communes.
	Canton de Condom :	toutes les communes.
Arr. de Mirande	Canton d'Aignan :	Aignan, Bouzon-Gellenave, Castelnavet, Loussous, Débat, Lupiac, Pouydraguin, Sabazan, Saint-Pierre d'Aubézies.
Arr. d'Auch	Canton de Vic-Fézensac :	toutes les communes, sauf les sections 179A, 179B et 179C de la commune de Vic-Fézensac.

Département du Lot-et-Garonne

Canton de Mézin :	toutes les communes.
Canton de Nérac :	Andiran, Fréchou, Nérac.
Canton de Francescas :	Fieux, Francescas, Lasserre, Moncrabeau.

(*) Décrets de l'I.N.A.O. du 25 mai 1909 et du 6 août 1936.

RÉGION DU HAUT-ARMAGNAC

Département du Gers

Arr. de Mirande	Canton de Riscle :	Aurensan, Bernède, Corneillan, Labarthète, Lannux, Projan, Riscle, Saint-Mont, Ségos, Verlus, Viella, Maumusson-Laguian.
Arr. de Condom	Canton de Lectoure :	toutes les communes.
	Canton de Fleurance :	toutes les communes.
Arr. de Mirande	Canton de Marciac :	toutes les communes.
	Canton de Masseube :	toutes les communes.
	Canton de Miélan :	toutes les communes.
	Canton de Mirande :	toutes les communes.
	Canton de Montesquiou :	toutes les communes.
Arr. d'Auch	Canton de Plaisance :	toutes les communes.
	Canton d'Auch Nord-Est :	toutes les communes.
	Canton d'Auch Nord-Ouest :	toutes les communes.
	Canton d'Auch Sud-Ouest :	toutes les communes.
	Canton d'Auch Sud-Est :	toutes les communes.
	Canton de Jegun :	toutes les communes.

Département du Lot-et-Garonne

Arr. de Nérac	Canton de Francescas :	Lamontjoie, Nomdieu, Saint-Vincent-de-Lamontjoie.
	Canton de Lavardac :	toutes les communes.
	Canton de Nérac :	Calignac, Espiens, Moncaut, Montagnac-sur-Auvignon, Saumont.
	Canton de Houellès :	Durance.
Arr. d'Agen	Canton de Laplume :	toutes les communes.

Ce qui frappe en lisant le décret, c'est que ce sont les vins produits dans les communes qui donneront l'appellation à l'eau-de-vie, une fois distillés et vieillis sous bois. Cette distillation doit s'effectuer soit dans un alambic à jet continu dit « armagnacais » (*), soit dans un alambic à double chauffe dit « charentais » (*) dont l'utilisation est autorisée à nouveau depuis 1972. Elle doit avoir lieu au plus tard avant le 31 mars de l'année qui suit la récolte, avec un décret de campagne qui peut avancer cette date butoir chaque année.

Il est probable que ce délai sera un jour raccourci. En effet, des études ont démontré que plus la distillation a lieu rapidement après la fin de la vinification des vins blancs restés sur les lies fines, plus les eaux-de-vie sont grasses et aromatiques. La loi dispose que « la production d'eau-de-vie effectuée sur un alambic donné et sur une durée de 24 heures ne peut être supérieure d'une fois et demie à la capacité de l'ensemble des organes de réfrigération ». Une tolérance de 25 % en plus s'applique aux chaudières (alambic) dont la capacité du volume total est inférieure à 3 hectolitres de vin mis en œuvre pour les alambics à repasse. Concernant les alambics « armagnacais » à jet continu, ils doivent être alimentés avec deux ou trois chaudières superposées dont la capacité totale doit être au moins égale à la masse de réfrigération qui regroupe chauffe-vin (*) et réfrigérant (*). Aucun appareil de rectification ne doit être utilisé. Les vapeurs, à partir desquelles on obtient le liquide qui deviendra de l'eau-de-vie d'armagnac, doivent être refroidies uniquement avec un serpentin plongé dans le liquide de refroidissement (de l'eau ou le vin) et l'eau-de-vie obtenue ne peut en aucun cas dépasser 72° Gay-Lussac (**) ». En ce qui concerne les degrés d'alcools des eaux-de-vie à la sortie des alambics, on obtiendra suivant les réglages des appareils une richesse de 72° Gay-Lussac pour les distillations dites « charentaises », alors que les eaux-de-vie de 52° Gay-Lussac sont plutôt obtenues avec la distillation dite « armagnacaise ».

Pour prétendre à l'appellation « Bas-Armagnac », « Armagnac-Ténarèze » (depuis 1993), « Haut-Armagnac » ou « Armagnac », la loi du 18 mars 1988, modifiant le décret « Fallières », précise que seuls les cépages suivants peuvent servir à la distillation :

**Voir chapitre sur la distillation p. 22.*
***Mesure en pourcentage d'alcool éthylique contenu dans un volume de liquide donné, à la température de 20°C.*

- Folle blanche et jaune
- Ugni-blanc
- Jurançon blanc
- Mauzac
- Clairette de Gascogne ou Claret de Gascogne
- Mesliers-Saint-François
- Picquepoul du pays
- Colombard
- Blanquette grise ou Plant de Graisse
- Baco 22 A ou Maurice Baco (jusqu'en 2010)

Toute autre utilisation de cépage entraînerait le non-agrément de l'appellation d'origine contrôlée. Pour obtenir l'appellation contrôlée, les vins vinifiés ne doivent pas être additionnés d'anhydride sulfureux (solution soufrée), ne doivent pas être chaptalisés (ajout de sucre dans le moût). Enfin l'appellation obtenue doit figurer en caractères très apparents sur tous les supports de vente ou de promotion de l'eau-de-vie d'armagnac. Quatre appellations différentes peuvent figurer sur les étiquettes d'eau-de-vie d'armagnac, qui devront toutes être suivies de la mention « Appellation Contrôlée » :

- ARMAGNAC
- BAS-ARMAGNAC
- ARMAGNAC-TÉNARÈZE (depuis 1993)
- HAUT-ARMAGNAC (au moment où j'écris ce livre l'appellation est en réforme et 120 communes risquent de disparaître).

Les appellations : Bas-Armagnac, Armagnac-Ténarèze et Haut-Armagnac feront l'objet d'une délimitation géographique par une étude des sols.

Bien plus tard, après que les décrets ont délimité la région des eaux-de-vie d'armagnac, le consommateur a manifesté le désir de voir clarifier les mentions qui sont apparues sur les étiquettes. Malgré cela, ces mentions ont et continuent à entraîner la confusion dans les esprits, car elles ne donnent pas d'âge précis aux eaux-de-vie, ce qui a permis de faire croire qu'une eau-de-vie était bien plus vieille qu'en réalité. Le 22 décembre 1965, un décret a été pris afin de donner une base aux mentions qui fleurissaient de toutes parts et il a fallu pour cela les définir également dans leurs comptes d'âge. Nous avons donc, dans ce tableau ci-dessous, donné la date de commercialisation des eaux-de-vie avec le minimum de vieillissement sous bois et les mentions ou dénominations classifiées.

MENTIONS AUTORISÉES AVEC LES COMPTES D'ÂGES

Comptes d'âges	Possibilités de commercialisation	Dénominations et mentions autorisées
Compte 00, soit de la date de distillation au 31 mars qui suit la récolte.	Impossible à commercialiser en boûteille.	
Compte 0, soit le 1er avril après la date de distillation.	Pas de commercialisation en bouteille.	
Compte 1, la plus jeune eau-de-vie qui rentre dans l'assemblage a deux ans d'âge (d'élevage) en moyenne.	Commercialisation possible.	Trois étoiles; Sélection; V.S. (*Very superior*); De luxe; Grand choix; Surchoix.
Compte 2, la plus jeune eau-de-vie rentrant dans l'assemblage a trois ans d'âge (d'élevage) en moyenne.	Commercialisation possible.	Trois étoiles; Sélection; V.S. (*Very superior*); De luxe; Grand choix; Surchoix.
Compte 3, la plus jeune eau-de-vie rentrant dans l'assemblage a quatre ans d'âge (d'élevage) en moyenne.	Commercialisation posssible.	Trois étoiles; Sélection; V.S. (*Very superior*); De luxe; Grand choix; Surchoix.
Compte 4, la plus jeune eau-de-vie rentrant dans l'assemblage a cinq ans d'âge (d'élevage) en moyenne.	Commercialisation posssible.	V.S.O.P. (*Very superior old pale*); Réserve, Vieux; V.O. (*Very old*).
Compte 5, la plus jeune eau-de-vie rentrant dans l'assemblage a six ans d'âge (d'élevage) en moyenne.	Commercialisation posssible.	Extra; X.O. (*Extra Old*); Napoléon; Vieille réserve; Grande réserve; Royal.
Compte 10, la plus jeune eau-de-vie rentrant dans l'assemblage a onze ans d'âge (d'élevage) en moyenne.	Commercialisation posssible.	Hors d'âge.
Millésimé, donne lieu à un agrément spécial pour les eaux-de-vie de plus de dix ans d'âges.	Si agrément lors de la dégustation, avec suivi du stock par millésime depuis sa distillation.	Date de l'année de la récolte des vins mis à distiller (100 % du même millésime).

Table

RÉFÉRENCES BIBLIOGRAPHIQUES

Armagnac « Eaux-de-vie et terroirs » de Henri Dufor, éditions Privat, 1982.

Traité raisonné de la distillation ou la Distillation réduite en principe de M. Dejean, 1753, éditions Gutenberg.

Vins, vignes et vignerons : Histoire du vignoble français de Marcel Lachiver, éditions Fayard, 1988.

Sur les chemins des vignobles de France, éditions Sélection du Reader's Digest, 1984.

Terroirs et vins de France (itinéraires œnologiques et géologiques) sous la direction de Charles Pomerol, éditions du BRGM (Bureau de recherches géologiques et minières), 1984.

Précis d'ampélographie pratique de Pierre Galet, imprimeries Charles Dehau, 1985.

La Grande Messe de l'Armagnac de Abel Sempé, éditions Robert Laffont, 1988.

Histoire de la Gascogne, des origines à nos jours, sous la direction de Maurice Bordes, éditions Horuath, 1982.

Provinces et Pays de France (essai de géographie historique) de l'abbé Eugène Jarry, préface de Pierre d'Esperel, 1943.

L'Armagnac, histoire, terroir et eaux-de-vie de Gilbert Sourbadere, publication de la Chambre d'Agriculture du Gers, 1993.

Pour la défense de la viticulture de François Baco, 1936.

Le Dictionnaire des noms de cépages de France, par Pierre Rézeau, Roto impr., 1998.

Histoire de la Guyenne et de la Garonne de Jean Castarède, éditions France-Empire, 1997.

Maquette Marie-Claire du Cailar
assistée de Corinne Liger

Imprimé en France par Pollina, 85400 Luçon
pour le compte du cherche midi éditeur
Dépôt légal : août 1998
N° d'édition : 599 - N° d'impression :75529
ISBN 2-86274-599-5